CUANDO CRISTO VENGA

el principio de lo incomparablemente bueno

MAX LUCADO

BETANIA

Un Sello de Editorial Caribe

Betania es un sello de Editorial Caribe,
una división de Thomas Nelson, Inc.

Nashville, TN – Miami, FL

E-Mail: editorial@editorialcaribe.com
www.editorialcaribe.com

Título en inglés: *When Christ Comes*

Traductor: *Eugenio Orellana*

ISBN: 0-88113-557-7

Impreso en EE.UU.
Printed in U.S.A.

CONTENIDO

Agradecimientos

Hace algunos años oí una historia simpática, posiblemente apócrifa, sobre Mark Twain. Una maestra de Escuela Dominical le contó al escritor que su nombre se había mencionado en la clase bíblica. Uno de los niños estaba tratando de decir de memoria los nombres de los libros del Nuevo Testamento. Y empezó diciendo: «Mateo, *Mark Twain*, Lucas, Juan».

«¿Qué le parece, señor Twain?, preguntó la maestra.

«Bueno», respondió él: «la verdad es que hace tiempo que disfruto de compañeros tan finos».

Yo puedo decir lo mismo. A través del proceso de escribir este libro he disfrutado de la compañía de algunos de los más especiales hijos de Dios. Y a unos cuantos de ellos quiero darles las gracias.

A mi editora, Liz Heaney. ¿Cuántos libros hemos escrito hasta ahora? Más de una docena, ¿verdad? Con la esperanza de que cada uno sea mejor que el anterior. Cada uno seguramente más entretenido que el anterior. Gracias por ser una amiga tan especial y no reírte abiertamente de mis errores.

A mi asistente, Karen Hill. No sé cómo, pero tú lo haces todo. Manejas la oficina. Controlas las interferencias. Eres mi apoyo cuando tengo problemas. Pero haciendo todo esto, jamás pierdes la alegría y nunca agotas tus energías. ¡Eres una maravilla! Gracias mil, Karen.

A Steve y Cheryl Green, Austin, Caroline and Claire. Tan cierto como el sol alumbra y se pone, ustedes son amigos fieles. Gracias por tener a Jesús en nuestra familia.

A Steve Halliday. Gracias por otra sesuda guía de estudio que desafía la mente y pone un reto en el corazón.

A la familia de Word. No hay mejor equipo en el cual un autor pueda confiar.

A la congregación de Oak Hills. ¡Qué año hemos tenido! Nuevo edificio. Nuevas instalaciones. Nuevo plan de actividades. ¡Qué bueno que no quisieron un nuevo pastor! Vivimos en un tiempo de oraciones contestadas. Estoy eternamente agradecido por el privilegio de compartir con ustedes cada semana la Palabra de Dios.

A los ancianos de Oak Hills, por su diligente cuidado pastoral de la iglesia, por su amor de hermanos hacia mi familia, por sus incesantes oraciones por mi trabajo, muchas gracias.

Al personal (en aumento) de Oak Hills. Ustedes son maravillosos, y me siento orgulloso de ser parte del equipo.

A Victor y Tara McCracken. Gracias por un verano lleno de estudio. Bienvenidos a San Antonio.

A Becky Rayburn, el ángel de la oficina. ¡Qué bendición es tenerte a ti!

A mis hijas, Jenna, Andrea y Sara, una en secundaria, una en enseñanza media y una en la escuela elemental pero todas en mi corazón. Las amo, hijas.

Y a mi esposa, Denalyn. Para mostrarme su gracia, Dios me dio la cruz. Para mostrarme su extravagancia, Dios me dio a ti.

Y a ti, querido lector. Para guiarte en las siguientes páginas, haré lo mejor: hablando cuando tenga algo que decir y callando cuando no tenga nada. Y en cualquier momento si sientes que debes cerrar el libro y ponerte a conversar con el Autor, por favor, hazlo.

Ahí estaré cuando regreses.

Cuando Cristo venga

Vas en tu auto rumbo a casa. Piensas en el juego que quieres ver o en la comida que te gustaría comer cuando de pronto un sonido que no puedes identificar llena el aire. El sonido viene de lo alto. ¿Una trompeta? ¿Un coro? ¿Un coro de trompetas? No sabes, pero quieres salir de dudas. De modo que te detienes, sales del auto y miras hacia arriba. Te das cuenta que no eres el único curioso. La carretera se ha transformado en una playa de estacionamiento. Los autos con las puertas abiertas y la gente mirando al cielo. Clientes salen de las tiendas. Se detiene el juego de béisbol de la liga infantil que se desarrollaba al otro lado de la calle. Jugadores y sus padres miran las nubes.

Y lo que ellos ven, y lo que tú ves, nunca se ha visto antes.

Como si el cielo fuera una cortina, la atmósfera se abre. Una luz brillante se proyecta hacia la tierra. No hay sombras. Ni una sola sombra. De donde sale la luz empieza a surgir un río de color: agujas de cristal de todos los matices jamás vistos. Y cabalgando sobre aquel mar de colores un ejército interminable de ángeles. Pasa a través de las cortinas una miríada de ellos al mismo tiempo, hasta que llenan cada pulgada cuadrada del cielo. Norte. Sur. Este. Oeste. Miles de alas plateadas suben y bajan rítmicamente y sobre el sonido de las trompetas se puede oír a los querubines y serafines, cantando: «Santo, santo, santo».

El flanco final de ángeles es seguido por veinticuatro ancianos de barba plateada y una multitud de almas se unen a los ángeles en adoración. El movimiento se detiene y las trompetas callan. Se oye únicamente la triunfante tripleta: «Santo, santo, santo». Entre cada palabra hay una pausa. Con cada palabra, una profunda reverencia. Escuchas tu voz uniéndose al coro. No sabes por qué dices esas palabras, pero sabes que debes decirlas.

De pronto, los cielos se aquietan. Los ángeles se vuelven, tú te vuelves, todo el mundo se vuelve, y ahí está Él. Jesús. A través de las ondas de luz ves la silueta de la figura de Cristo el Rey. Está parado sobre un gran semental, y el semental está sobre una nube inflamada. Él abre su boca, y sientes que cae sobre ti como un manto su declaración: «Yo soy el Alfa y la Omega».

Los ángeles inclinan sus cabezas. Los ancianos se quitan sus coronas. Y ante ti hay una figura tan arrobadora que lo sabes, instantáneamente lo sabes: Nada más importa. Las acciones en el mercado bursátil o las notas en el colegio; reunión de vendedores y resultados del juego de fútbol. Nada tiene importancia. Todo aquello que importaba ya no importa más, porque Cristo ha llegado…

Me pregunto cómo te hacen sentir estas palabras. Sería interesante sentarse en un círculo de personas o escuchar sus reacciones. Si tuviésemos que resumir en una palabra nuestras emociones sobre el retorno de Cristo, ¿qué palabra se escucharía? ¿Qué palabra usaríamos?

¿Incomodidad? Probablemente una palabra muy popular. Te han dicho que tus faltas saldrán a la luz. Que tus secretos se conocerán. Se abrirán los libros y se leerán nombres. Tú sabes que Dios es santo. Sabes que tú no lo eres. ¿Cómo no habría de hacer que te sientas incómodo pensar en su retorno?

Además, están aquellas frases: «La marca de la bestia», «el anticristo» y «la batalla de Armagedón». ¿Y qué me dicen de «las guerras y rumores de guerras»? ¿Y la advertencia que hizo aquel predicador por la televisión: «Eviten cualquier número telefónico que tenga los dígitos 666»? ¿Y ese artículo que afirmaba que el nuevo senador era el anticristo? Decir incómodo es decir lo menos.

O quizás no creas que la palabra adecuada sea incómodo. *Negarlo* pudiera ser más apropiada. (¿O no será que por negarlo te sientes incómodo?) La ambigüedad no es una compañía grata. Preferimos respuestas y explicaciones, y el fin del tiempo parece ser escaso en ambas cosas. En consecuencia, optas por no pensar en el asunto. ¿Para qué pensar en lo que no te puedes explicar? Si viene, bien. Si no, bien. Prefiero irme a la cama, mira que mañana tengo que trabajar.

¿O qué tal la palabra *disgustado*? Te puede sorprender, a menos que te hayas sentido así; entonces estableces la relación. ¿Quién podría sentirse disgustado con la idea de la venida de Cristo? Quizá una futura madre, que quiere tener a su bebé en sus brazos. Quizás una pareja en planes de contraer matrimonio, que quieren experimentar la vida de casados. Quizás un soldado asignado a una base en ultramar, que quizás querría ir a casa antes de ir al hogar.

Este trío es apenas una muestra de las muchas emociones que provoca el pensamiento sobre el regreso de Cristo. Otras podrían ser *obsesión*. (Estos son los que manejan gráficos y códigos y es-mejor-que-creas-en-la-profecía.) *Pánico*. («¡Vende todo y vete a los cerros!»)

Me pregunto qué será lo que Dios quiere que sintamos. No es difícil dar con la respuesta. En Juan 14 Jesús lo dijo con toda claridad: «No se turbe vuestro corazón; creéis en Dios, creed también en mí ... vendré otra vez, y os tomaré a mí mismo» (vv. 1, 3). Es una escena sencilla. El Padre se ha ido por un breve tiempo. Pero regresará. Y mientras esto sucede, quiere que sus hijos vivan en paz.

Yo quiero lo mismo para mis tres hijas.

Las dejé anoche para poder terminar este libro. Con un beso y un abrazo, salí por esa puerta pero les prometí que volvería. ¿Era mi deseo dejarlas? No. Pero este libro necesitaba algún trabajo, y la editora necesitaba un manuscrito de modo que heme aquí, en un escondite, aporreando el teclado de una computadora. Hemos aceptado el hecho que es necesario un tiempo de separación para poder terminar el trabajo.

Mientras estamos separados, ¿quiero que se sientan incómodas? ¿Quisiera que tuvieran miedo de mi regreso? No.

¿Y si lo negaran? ¿Me sentiría contento de oír que han quitado mi foto de la pared y han eliminado mi puesto de la mesa y rehúsan hablar de mi retorno? No lo creo.

¿Y el disgusto? «Ojalá papá no vuelvas antes del viernes en la noche porque acuérdate que tenemos ese *party* soñado que no nos queremos perder». ¿Seré yo una especie de papá aguafiestas que con mi venida lo voy a echar todo a perder?

Bueno, quizás yo lo sea, pero Dios no. Y si Él es parte de nosotros, pensar en su retorno no tendría por qué disgustar a sus hijos. Él también está lejos de su familia. Él también ha prometido regresar. Él no está escribiendo un libro, sino que está escribiendo historia. Mis hijas no entienden todas las complicaciones de mi trabajo; nosotros no entendemos todos los detalles del suyo. ¿Pero qué tenemos que hacer mientras tanto? Confiar. Pronto se terminará de escribir el último capítulo y Él aparecerá en la puerta. Pero hasta que eso suceda, Jesús dice: «No se turbe vuestro corazón, ni tenga miedo. Creéis en Dios, creed también en mi».

Este es el deseo de Dios. Es también el propósito de este libro.

Ningún libro puede responder todas las preguntas. Y ningún lector va a estar de acuerdo con todo lo que dice el libro. (Algunos de ustedes van a leer sólo un par de líneas de la descripción de su retorno y ya van a tener formada una opinión.) Pero quizás Dios use este libro para animarte a tener paz sobre su venida.

¿Querrías analizar el fin del tiempo y sentirte mejor? ¿Querrías usar algunas palabras optimistas respecto del regreso de Cristo? Si es así, creo que he hallado algo.

Así es que hablemos.

Capítulo 1

«Confíen en mí»

¿Cuándo vendrá?

No se turbe vuestro corazón; creéis en Dios, creed también en mí ...
vendré otra vez, y os tomaré a mí mismo.
Juan 14.1,3

La paternidad está llena de desafíos. ¿Quién de nosotros no ha tenido que responder a las preguntas que nos hacen nuestros hijos?

«Papi, ¿por qué no puedo tener dos perritos?»

«Si ustedes se casaron a los dieciocho, ¿por qué yo no?»

«Papá, ¿qué es la Viagra?»

Tales preguntas harían tartamudear a un sabio. Sin embargo, empalidecen comparadas con la que hace un niño durante un viaje. En una encuesta llevada a cabo por Lucado y Amigos (yo entrevisté a un par de personas en el pasillo) me encontré con la pregunta más complicada que padre alguno haya tenido que responder. ¿Cuál es la pregunta más temida por mamás y papás? Es la que hizo un niño de cinco años durante un viaje: «¿Cuánto falta todavía?»

Pónganos problemas de geometría y sexualidad, pero no hagan a los padres responder a la pregunta: «¿Cuánto falta todavía?»

Porque es una pregunta imposible. ¿Cómo hablar de tiempo y distancia a alguien que no entiende de tiempo y distancia? El padre novato asume que los hechos serán suficientes: «Trescientos ochenta kilómetros». ¿Pero qué es un kilómetro para un niño que no tiene edad ni siquiera para el jardín infantil? ¡Nada! ¡Es como hablarle en chino! El niño entonces pregunta: «¿Cuánto son trescientos ochenta kilómetros?» Ante esta pregunta, sientes la tentación de ser un poco más técnico y entonces explicas que un kilómetro equivale a mil metros, de modo que trescientos ochenta kilómetros multiplicados por mil metros equivalen a trescientos ochenta mil metros. No alcanzas a terminar la frase cuando el niño se desconecta. Se queda quietecito hasta que tú te tranquilizas y luego te pregunta: «Papá, ¿cuánto falta todavía?»

El mundo de un pequeñín está deliciosamente libre de cuenta kilómetros y relojes de alarma. Le puedes hablar de minutos y kilómetros, pero el niño no capta tales conceptos. ¿Qué hacer entonces? La mayoría de los padres recurren a la creatividad. Cuando nuestras hijas eran bebés, les encantaba ver la película *La sirenita*. Así es que Denalyn y yo usábamos la película como una economía de escala. «Como si vieran tres veces seguidas *La sirenita*».

Y por unos cuantos minutos, aquello parecía funcionar. Sin embargo, tarde o temprano, la pregunta volvía. Y tarde o temprano, decíamos lo que todos los padres dicen: «Sólo confía en mí. Disfruta del viaje y no te preocupes por los detalles. Te aseguro que regresaremos bien a casa».

Y nos esforzamos para que así sea. No queremos que nuestros hijos se compliquen con los detalles. De modo que les decimos: «¡Confíen en nosotros!»

¿Suena familiar? Posiblemente. Jesús nos ha dicho lo mismo. Justo antes de su crucifixión, dijo a sus discípulos que los dejaría. «A donde yo voy [Pedro] no me puedes seguir ahora; mas me seguirás más tarde» (Jn 13.36).

Tales palabras dieron origen a algunas preguntas. Pedro habló por sus compañeros y preguntó: «Señor, ¿por qué no te puedo seguir ahora?» (v. 37).

Dime si la respuesta de Jesús no refleja la ternura de un padre hacia su hijo: «No se turbe vuestro corazón; creéis en Dios, creed también en mí. En la casa de mi Padre muchas moradas hay; si así no fuera, yo os lo hubiera dicho; voy, pues, a preparar lugar para vosotros ... vendré otra vez, y os tomaré a mí mismo, para que donde yo estoy, vosotros también estéis» (Jn 14.1-3).

Reduce el párrafo a una sola frase y dirá: «Confíen en mí». Un recordatorio saludable cuando anhelamos el regreso de Cristo. Para muchos, el verbo *confiar* no se asocia fácilmente con su venida.

Nuestras mentes de pre-kinder no están capacitadas para manejar los pensamientos eternos. Cuando pensamos en un mundo sin fronteras de espacio y tiempo, no tenemos de dónde sujetarnos. En consecuencia, nuestro Señor toma la actitud de un padre: «Confíen en mí que yo me encargo de todo». Este es, precisamente, su mensaje en estas cálidas palabras de Juan 14. Pensemos en ellas por un momento.

Todas sus palabras podrían reducirse a dos: *Confíen en mí*. «No se turbe vuestro corazón; creéis en Dios, creed también en mí» (v. 1).

Que no nos atormente el pensar en el retorno de Cristo. No nos pongamos ansiosos por las cosas que no podemos entender. Asuntos como el milenio y el anticristo pueden despertar nuestro interés e incluso forzarnos a pensar, pero no deben abrumarnos ni menos dividirnos. Para el cristiano, el retorno de Cristo no es un acertijo que tenemos que resolver ni una incógnita que hay que despejar, sino más bien es un día con el que debemos soñar.

Jesús quiere que confiemos en Él. No quiere que nos turbemos, por eso nos alienta con estas verdades.

Tengo amplio espacio para ustedes. «En la casa de mi Padre muchas moradas hay» (v. 2). ¿Por qué será que Jesús habla de «muchas moradas»? ¿Por qué mencionará el tamaño de la casa? Podríamos responder a esta pregunta recordando las veces que hemos oído lo opuesto. ¿No te han dicho en más de una ocasión: «Lo siento, pero no tenemos espacio para usted»?

¿Y en materia de trabajo: «Lamentablemente no tengo una posición para usted en mi compañía»?

¿Y en los deportes: «No tienes cabida en el equipo»?

¿Y en las cosas del amor: «En mi corazón no hay espacio para ti»?

¿Y en materia de fanatismo: «No nos interesa alguien como usted aquí»?

Peor aún. Quizás hayas oído esto mismo en la iglesia: «Nos ha fallado muchas veces; es mejor que se busque otra iglesia».

Unas de las palabras más tristes sobre la tierra son: «No hay lugar para ti».

Jesús conocía el sonido de estas palabras. Todavía estaba en el vientre de María cuando el portero de la hospedería dijo: «No hay lugar para ustedes».

Cuando los residentes de su pueblo trataron de apedrearlo, ¿no le dijeron lo mismo? «No queremos profetas en este pueblo».

Cuando los líderes religiosos lo acusaron de blasfemia, ¿no lo evitaron también? «En este país no hay lugar para alguien que se autoproclama Mesías».

Y cuando lo colgaron de la cruz, ¿no fue el mensaje unánime de rechazo? «No hay lugar para ti en este mundo».

Aun hoy día Jesús recibe el mismo tratamiento. Va de corazón en corazón pidiendo que lo dejen entrar. Pero la mayoría de las veces tiene que escuchar las palabras del portero de la hospedería de Belén: «Esto está demasiado lleno. No hay espacio para ti».

Sin embargo, de vez en cuando es bienvenido. Alguien le abre la puerta de su corazón y lo invita a entrar. Y a esa persona Jesús le hace esta gran promesa: «No se turbe tu corazón. Crees en Dios, cree también en mí. En la casa de mi Padre muchas moradas hay».

Dice: «Tengo mucho espacio para ti». ¡Qué promesa más extraordinaria! Hacemos para Él espacio en nuestros corazones, y Él hace para nosotros espacio en su casa. Su casa tiene espacio de más.

Su casa tiene una segunda bendición:

He preparado espacio para ti. «Voy, pues, a preparar lugar para vosotros» (v. 2). Hace un par de años pasé una semana predicando en una iglesia en California. Los miembros de la congregación fueron unos anfitriones increíbles. Cada comida era en una casa diferente y cada casa tenía una mesa llena, y en cada mesa había una charla hermosa. Pero después de unas pocas comidas, me di cuenta de algo extraño. Todas las comidas estaban constituidas por ensaladas. Me gustan las ensaladas como a cualquiera, pero las prefiero como acompañantes del plato principal; sin embargo, dondequiera que iba, eran el plato principal.

Nada de carne. Nada de postres. Sólo ensaladas.

Al principio pensé que era cosa de los californianos, pero finalmente tuve que preguntar. La respuesta me dejó perplejo. «Nos dijeron que usted no comía otra cosa que no fueran ensaladas». Rápidamente los saqué del error, y pregunté de adónde habían sacado aquello. Al buscar hacia atrás, llegué a descubrir que el error se había producido entre nuestra oficina y la de ellos.

La atención era excelente, pero la información había sido mala. Me alegro que pude corregir el problema y así pude disfrutar de algunas buenas comidas.

Pero más feliz me siento al decirte que Jesús no va a cometer tal error contigo.

Él hará por ti lo que mis amigos californianos hicieron por mí. Él está preparando un lugar. Hay, sin embargo, ciertas diferencias. Él sabe exactamente lo que tú necesitas. No tienes que preocuparte de que te vayas a aburrir o cansar o fastidiar viendo a la misma gente o cantando siempre las mismas canciones. Ni te vas a impacientar por tener que comer sólo ensaladas.

Él está preparando el lugar perfecto para ti. Me agrada la definición que John MacArthur hace de la vida eterna: «El cielo es el lugar perfecto para la gente perfecta».[1]

Confía en las promesas de Jesús. «Tengo espacio de más; he preparado un lugar para ti».

Y un último compromiso de Jesús:

[1] John MacArthur, *The Glory of Heaven*, Crossway Books, Wheaton, Ill, 1996, p. 118.

Estoy hablando en serio. «Vendré otra vez y os tomaré a mí mismo, para que donde yo estoy, vosotros también estéis» (v. 3). ¿Detectas un leve cambio de tono en el último versículo? Las primeras frases son calurosas. «No se turben». «Creen en Dios». «Muchas moradas hay». Hay ternura en estas palabras. Pero entonces el tono cambia. Solo levemente. La ternura continúa pero ahora está aderezada con convicción. «Vendré otra vez...».

George Tulloch demostró idéntica determinación. En 1996 dirigió una expedición al lugar donde en 1912 se hundió el Titanic. Él y su equipo recuperaron numerosos artefactos, cosas que iban desde anteojos a joyas y vajilla. En su búsqueda, Tulloch descubrió que un gran pedazo del casco se había desprendido y yacía no lejos de la nave. Ver eso y pensar en la posibilidad de rescatar parte del barco fue para Tulloch una sola cosa.

Tenían que levantar y sacar la pieza de hierro de veintidós toneladas. Pudieron llevarla hasta la superficie, pero en ese momento se levantó una tormenta que rompió las cuerdas y el Atlántico reclamó su tesoro. Tulloch se vio forzado a renunciar a su empeño y a organizarse de nuevo. Pero antes de abandonar el lugar, hizo algo curioso. Descendió a la profundidad y con el brazo robot de su submarino adhirió un pedazo de metal a una sección del casco. En el pedazo de metal había escrito estas palabras: «Volveré, George Tulloch».[2]

Vista superficialmente, su acción pareció una humorada. Creo que nunca llegó a preocuparse que alguien le fuera a robar ese pedazo de metal. Por un lado, estaba a casi tres kilómetros bajo la superficie del Atlántico; y por el otro, aquello no era más que un pedazo de chatarra. Es difícil imaginarse que alguien tuviera interés en aventurarse a aquella profundidad para robarla.

Por supuesto se podría decir lo mismo de ti y de mí. ¿Por qué Dios habría de esforzarse tanto para reclamarnos? ¿Qué valor

2 *Titanic Live*, transmitido por el canal *Discovery* el 16 de agosto de 1998; *Prime Time Live*, 13 de agosto de 1998.

pudiéramos tener para Él? Pero tiene que haber tenido sus razones porque hace dos mil años, Él entró a las lóbregas aguas de este mundo en busca de sus hijos. Y en todos los que le permitieron hacerlo, Él estampó su propósito de volver.

George Tulloch lo hizo. Dos años después regresó y rescató el pedazo de hierro.

Jesús volverá también. No sabemos cuándo será que venga por nosotros. No sabemos cómo vendrá. Y en verdad ni siquiera sabemos por qué vendrá por nosotros. Claro, tenemos nuestras ideas y opiniones al respecto. Pero lo más que tenemos es fe. Fe que Él tiene mucho espacio y que ha preparado un lugar y, en el momento preciso vendrá para que estemos donde Él está.

Lo hará. Sólo tenemos que confiar.

Capítulo 2

Espera expectante

Un día digno de esperarse

¡Cómo no debéis vosotros andar en santa y piadosa manera de vivir, esperando y apresurándoos para la venida del día de Dios!

2 Pedro 3.11-12

Es interesante la forma como las Escrituras recuerdan a diferentes personas. A Abraham se le recuerda como el que confía. Piensa en Moisés, y verás a un líder. El lugar de Pablo en las Escrituras fue esculpido por sus escritos y a Juan se le reconoce por su amor. Pero a Simeón se le recuerda, interesantemente, no por ser un líder, ni un predicador ni por su amor, sino por su espera.

«He aquí había en Jerusalén un hombre llamado Simeón, y este hombre, justo y piadoso, *esperaba* la consolación de Israel; y el Espíritu Santo estaba sobre él» (Lc 2.25, énfasis del autor).

Echemos una mirada a Simeón, el hombre que sabía cómo esperar la llegada de Cristo. La forma en que él esperaba la primera venida es un modelo para cómo esperar nosotros la Segunda Venida.

Nuestro breve encuentro con Simeón tiene lugar ocho días después del nacimiento de Jesús. José y María han traído a su hijo al templo. Es el día de presentar un sacrificio, el día de la circuncisión, el día de la dedicación. Pero para Simeón, es el día de la celebración.

Imaginémonos a un anciano de pelo canoso y aspecto marchito caminando por las calles de Jerusalén. Los vendedores ambulantes lo saludan por su nombre. Él les devuelve el saludo alzando la mano pero no se detiene. Los vecinos lo saludan y él hace lo mismo pero sigue su camino. Se encuentra con un grupo de amigos que conversan en una esquina, les sonríe pero no se detiene. Debe llegar a un lugar y no tiene tiempo que perder.

El versículo 27 contiene la curiosa declaración: «Movido por el Espíritu, vino al templo». Aparentemente, Simeón no había planeado ir al templo. Dios, sin embargo, pensaba de otra manera. No sabemos cómo fue que el Espíritu lo movió a ir al templo. Quizás un vecino que lo llamó, quizás una invitación de su esposa, o a lo mejor, una corazonada. No lo sabemos. Pero de alguna manera Simeón supo que tenía que olvidarse de sus planes y dejar tranquilos los palos de golf. «Creo que voy a ir a la iglesia», anunció.

Desde nuestra perspectiva, podemos entender la razón de la inquietud. Si Simeón lo entendió o no, no lo sabemos. Sabemos, sin embargo, que esta no era la primera vez que Dios le susurraba algo al oído. A lo menos en otra ocasión en su vida, él había recibido un mensaje de Dios.

«Le había sido revelado por el Espíritu Santo, que no vería la muerte antes que viese al Ungido del Señor» (v. 26).

Quizás tú te preguntes qué efecto tendrá un mensaje así sobre la persona que lo recibe. ¿En qué forma te afectaría si un día cualquiera vieras a Dios? Sabemos el impacto que provocó en Simeón.

Él «esperaba la consolación de Israel» (v. 25). «Constantemente esperaba al Mesías».

Simeón era un hombre que andaba en puntillas, los ojos bien abiertos y esperando a aquél que vendría a salvar a Israel.

Quizás tú sabes lo que es esperar a alguien que está por llegar. Yo sí lo sé. Cuando viajo a algún lugar para predicar, a menudo no conozco a la persona que me espera en el aeropuerto. Alguien tendrá que ser, pero yo no conozco a tal persona. Así es que me bajo del avión mirando cada rostro de la gente, gente a la que jamás he visto. Pero aunque nunca he visto a la persona que me está esperando, sé que la voy a encontrar. Quizás tenga mi nombre escrito en una pancarta, o uno de mis libros en su mano o simplemente una expresión enigmática en su rostro. Si me preguntaran cómo voy a reconocer a la persona que ha venido a recogerme, diría: «No sé cómo, pero la reconoceré».

Creo que con Simeón ocurrió lo mismo. «¿Cómo reconocerás al rey, Simeón?» «No lo sé, pero lo reconoceré». Y así se pone a buscar. Como Columbo tras sus pistas. Estudia cada rostro que pasa a su lado. A los extraños los mira a los ojos. Anda en busca de alguien en particular.

El idioma griego, rico como es en estos términos, tiene toda una colección de verbos que quieren decir «mirar» o «buscar». Uno se refiere a «mirar o buscar arriba», otro a «mirar o buscar lejos»; uno se usa en cuanto a «mirar o buscar sobre» y otro en cuanto a «mirar o buscar adentro». «Mirar o buscar algo intensamente» requiere de otra palabra y «mirar o buscar cuidadosamente a alguien» aun de otra.

De todas las formas de *mirar* o *buscar* la que mejor capta lo que quiere decir «esperar la venida» es el término usado para describir la acción de Simeón: *prosdechomai*. *Dechomai* quiere decir «esperar». *Pros* quiere decir «expectante». Combínalos y tendrás el cuadro de alguien que «espera expectante». La gramática es pobre, pero la imagen es grande. Simeón estaba esperando; ni exigiendo ni apurando las cosas. Solo esperando.

Al mismo tiempo, estaba esperando *expectante*. Vigilaba pacientemente. Tranquilamente expectante. Ojos bien abiertos. Brazos extendidos. Buscando en la multitud el rostro preciso y con la esperanza de que ese rostro apareciera aquel mismo día.

Ese era el estilo de vida de Simeón. Y ese puede ser el nuestro también. ¿No se nos ha dicho, como a Simeón, de la venida de Cristo? ¿No somos también nosotros, como Simeón, herederos de una promesa? ¿No somos nosotros movidos por el mismo Espíritu? ¿No estamos nosotros anhelando ver el mismo rostro?

Absolutamente. De hecho, más tarde Lucas usa el mismo verbo para describir la actitud del siervo que vigila:

> Estén ceñidos vuestros lomos, y vuestras lámparas encendidas; y vosotros sed semejantes a hombres que aguardan [*prosdechomai*] a que su señor regrese de las bodas, para que cuando llegue y llame, le abran en seguida. Bienaventurados aquellos siervos a los cuales su señor, cuando venga, halle velando; de cierto os digo que se ceñirá, y hará que se sienten a la mesa, y vendrá a servirles (Lc 12.35-37).

Fíjate en la actitud de los siervos: listos y esperando. Ahora nota la acción de su señor. ¡Se siente tan conmovido que sus sirvientes lo estén esperando que adopta la forma de siervo y les sirve! Se sientan en la fiesta y su señor les sirve. ¿Por qué? ¿Por qué honrarles de esa manera? Porque el Señor se siente feliz de encontrar personas que esperen su retorno. Y premia a los que esperan expectantes.

Ambas palabras son importantes.

Primero, debemos *esperar*. Pablo dice: «Pero si esperamos lo que no vemos, con paciencia lo aguardamos» (Ro 8.25).

Simeón es nuestro modelo. No se sintió tan abrumado con el «todavía no» como para ignorar el «ahora». Lucas dice que Simeón era un «hombre justo y piadoso» (2.25). Pedro nos dice que seamos como Simeón.

«Pero el día del Señor vendrá como ladrón en la noche; en el cual los cielos pasarán con grande estruendo, y los elementos ardiendo serán deshechos, y la tierra y las obras que en ella hay serán quemadas. Puesto que todas estas cosas han de ser deshechas, cómo no debéis vosotros andar en santa y piadosa manera de vivir» (2 P 3.10-11).

Tremendo. ¿Qué clase de personas deberíamos ser? Pedro nos dice: «¡Cómo no debéis vosotros andar en santa y piadosa manera de vivir, esperando [*aquí encontramos de nuevo la palabra*] y apresurándoos para la venida del día de Dios» (vv. 11-12).

La espera de lo que ha de ocurrir en el futuro no es licencia para irresponsabilidad en el presente. Esperemos expectantes, pero esperemos.

Para la mayoría de nosotros, esperar no es el problema. O, quizás deba decir que esperar *sí es* nuestro problema. Somos tan expertos en esperar, que no esperamos expectantes. Nos olvidamos de observar. Somos tan pacientes que llegamos a conformarnos. Nos sentimos tan satisfechos. Casi no miramos a los cielos. Rara vez corremos al templo. De vez en cuando, o quizás nunca, permitimos al Espíritu Santo interrumpir nuestros planes y guiarnos a la adoración de tal modo que podamos ver a Jesús.

Es a aquellos de nosotros que somos tan fuertes en la espera y tan débiles en vigilar que nuestro Señor nos habla cuando dice: «Pero el día y la hora nadie sabe, ni aun los ángeles de los cielos, sino sólo mi Padre ... Velad, pues, porque no sabéis a qué hora ha de venir vuestro Señor ... porque el Hijo del Hombre vendrá a la hora que no pensáis» (Mt 24.36,42,44).

Simeón nos recuerda que debemos «esperar expectantes». Vigilar pacientemente. Pero no tan pacientes que dejemos de vigilar. Ni tan vigilantes que dejemos de ser pacientes.

Al final, la oración de Simeón fue contestada: «Y él le tomó en sus brazos, y bendijo a Dios, diciendo: Ahora, Señor, despide a tu siervo en paz, conforme a tu palabra» (Lc 2.28-29).

Una sola mirada al rostro de Jesús y Simeón supo que era el momento de volver a casa. Y una sola mirada al rostro de nuestro Salvador, y sabremos lo mismo.

Capítulo 3

El origen de la esperanza

Un día de prueba y promesa

Cristo, las primicias; luego los que son de Cristo, en su venida.
1 Corintios 15.23

El terremoto que sacudió a Armenia en 1989 necesitó solo de cuatro minutos para destruir a toda la nación y matar a treinta mil personas. Momentos después que el movimiento mortal hubo cesado, un padre corrió a la escuela a salvar a su pequeño hijo. Cuando llegó, vio el edificio en el suelo. Mientras buscaba en medio de aquella masa de piedras y escombros, recordó una promesa que había hecho a su hijo: «No importa lo que ocurra, siempre estaré ahí donde tú estés». Llevado por su promesa, encontró el lugar donde había estado el aula de la clase de su hijo y empezó a quitar los escombros. Llegaron otros padres y empezaron también a buscar a sus hijos. «Es demasiado tarde», le dijeron. «Usted sabe que están muertos. No se puede hacer nada». Incluso un policía le dijo que dejara de buscar.

Pero el padre no se dio por vencido. Durante ocho horas, luego dieciséis, luego veintidós y finalmente treinta y seis, buscó y buscó. Sus manos estaban destrozadas y sus fuerzas se habían agotado, pero se negaba a darse por vencido. Finalmente, después de treinta y ocho horas de angustia, removió un gran trozo de pared y oyó la voz de su hijo. Le gritó: «¡Arman! ¡Arman!» Y una voz le respondió: «¡Papi, aquí estoy!» En seguida, el niño agregó estas preciosas palabras: «Les dije a los otros niños que no se preocuparan, que si tú estabas vivo, vendrías a salvarme, y al salvarme a mí, ellos también se salvarían porque me prometiste que sucediera lo que sucediera, siempre estarías conmigo».[1]

Dios nos ha hecho la misma promesa. «Vendré otra vez...» nos asegura. Sí, las rocas temblarán. Sí, la tierra se sacudirá. Pero el hijo de Dios no tiene por qué tener miedo, porque el Padre ha prometido llevarnos con Él.

¿Pero estamos dispuestos a creer la promesa? ¿A confiar en su lealtad? ¿No deberíamos ser cautelosos sobre la confiabilidad de tales palabras?

Quizás tú no tengas dudas. Si tal fuere el caso, quizás quieras saltar este capítulo. Otros de nosotros, sin embargo, necesitamos un recordatorio. ¿Cómo podemos estar seguros que lo que dijo lo hará? ¿Cómo podemos estar seguros que quitará los escombros para dejarnos libres?

Porque ya lo hizo una vez.

Vamos a revivir ese momento. Sentémonos en el piso, sintamos la oscuridad y dejémonos tragar por el silencio mientras miramos con los ojos de nuestros corazones allí donde los ojos de nuestro rostro no pueden ver.

Vamos a la tumba, porque Jesús yace en la tumba.

Calma. Frío. Muerte. La muerte ha logrado su más grande trofeo. Él no está en la tumba dormido ni descansando ni aletargado; Él está en la tumba muerto. No hay aire en sus pulmones. No hay pensamientos en su cerebro. No hay sensibilidad en sus miembros. Su cuerpo está tan frío y rígido como la piedra sobre la cual lo han puesto.

1 Jack Canfield y Mark Hansen, *Chicken Soup for the Soul*, Health Communications, Deerfield, Beach, FL., 1993, 273-74.

Los ejecutores se aseguran que así sea. Cuando a Pilato le dijeron que Jesús estaba muerto, ordenó a los soldados que se aseguraran. Estos salieron a hacerlo. Habían visto cómo el cuerpo del Nazareno se sacudía, incluso habían oído sus quejidos. Le habrían quebrado las piernas para acelerar su fin, pero no había sido necesario. La lanza clavada en el costado quitó toda duda. Los romanos conocían su trabajo. Y su trabajo había concluido. Quitaron los clavos, bajaron el cuerpo y se lo entregaron a José y a Nicodemo.

José de Arimatea. Nicodemo el fariseo. Se sentaban en sillas de poder y ostentaban posiciones de influencia. Hombres de recursos y hombres de peso. Pero habrían cambiado todo eso por un solo respiro del cuerpo de Jesús. Él había contestado la oración de sus corazones, la oración por el Mesías. Tanto como los soldados querían su muerte, mucho más ellos querían que viviera.

¿No crees que mientras limpiaban la sangre de su barba trataban de percibir su respiración? ¿Que mientras pasaban el sudario alrededor de sus manos, trataban de sentir el pulso? ¿No crees que buscaban alguna señal de vida?

Pero no encontraron nada.

Así es que hicieron con él lo que se esperaba que se hiciera con un cuerpo sin vida. Lo envolvieron en un sudario nuevo y lo pusieron en una tumba. La tumba de José. Apostaron soldados romanos para vigilar el cuerpo. Y la puerta de la tumba se aseguró con un sello romano. Durante tres días, nadie podría acercarse allí.

Pero entonces, llega el domingo. Y con el domingo llega la luz. Una luz dentro de la tumba. ¿Una luz brillante? ¿Suave? ¿Intermitente? ¿Indirecta? No lo sabemos. Pero era una luz. Porque Él es la luz. Y con la luz vino la vida. A medida que la oscuridad se disipa, la descomposición se revierte. El cielo sopla y Jesús respira. Su pecho se expande. Los labios hasta entonces como de cera, se abren. Los dedos, agarrotados, se mueven. Las válvulas del corazón empiezan a trabajar.

Y, mientras nos imaginamos el momento, nos sobrecoge el asombro.

Y estamos asombrados no solo por lo que vemos, sino por lo que sabemos. Sabemos que también nosotros tendremos que morir. Sabemos que también nosotros seremos sepultados. Nuestros pulmones, como los de Él, quedarán vacíos. Nuestras manos, como las de Él, se agarrotarán. Pero la resurrección de su cuerpo y el mover de la piedra hacen que nazca una poderosa creencia: «Creemos esto: Si estamos incluidos en la muerte de Cristo que conquista el pecado, también estamos incluidos en su resurrección que salva y da vida. Sabemos que cuando Jesús resucitó de la muerte aquello fue una señal del fin de la muerte como fin de todo. Nunca más la muerte tendrá la última palabra. Cuando Jesús murió, Él llevó nuestro pecado, pero vivo nos trae a Dios» (Ro 6.5-9).

A los tesalonicenses, Pablo les dijo: «Porque si creemos que Jesús murió y resucitó, así también traerá Dios con Jesús a los que durmieron en Él» (1 Ts 4.14).

Y a los corintios: «En Cristo todos serán vivificados. Pero cada uno en su debido orden: Cristo, las primicias; luego los que son de Cristo en su venida» (1 Co 15.22-23).

Para Pablo y para cualquier seguidor de Cristo, la promesa es sencillamente esta: La resurrección de Jesús es prueba y un anticipo de la nuestra.

¿Pero podemos confiar en esa promesa? ¿Es la resurrección una realidad? ¿Son verdad las afirmaciones de la tumba vacía? Esta no es solo una buena pregunta. Es *la* pregunta. Porque como Pablo escribió: «Si Cristo no resucitó, vuestra fe es vana; aún estáis en vuestros pecados» (1 Co 15.17). En otras palabras, si Cristo ha resucitado, entonces sus seguidores se reunirán con Él; pero si no, entonces sus seguidores son unos tontos. La resurrección, entonces, es la piedra angular en el arco de la fe cristiana. Si es sólido, entonces el portal es seguro. Quítalo y la puerta de entrada se vendrá abajo.

Sin embargo, la piedra angular no se mueve fácilmente, porque si Jesús no está en la tumba, ¿entonces dónde está?

Algunos especulan diciendo que en realidad Jesús nunca murió. Que parecía estar muerto, pero que solo estaba inconsciente. Y que luego se despertó y salió de la tumba. ¿Cuán verosímil es, sinceramente, esta teoría? Jesús soportó torturantes azotes, sed y deshidratación, clavos en sus manos y pies, y, lo peor de todo, una lanza en su costado. ¿Podría un hombre sobrevivir a un trato igual? Y si pudiera, ¿podría él solo rodar la piedra de entrada de la tumba, derrotar a los guardias romanos y escapar? Difícilmente. Queda descartada cualquiera sugerencia de que Jesús no estaba muerto.

Otros acusan a los discípulos de robarse el cuerpo para simular una resurrección. Dicen que los seguidores de Jesús -cobradores de impuestos comunes y corrientes y pescadores- derrotaron a los sofisticados y bien armados soldados romanos y los detuvieron el tiempo suficiente como para remover la piedra sellada, quitar las envolturas del cuerpo y escapar. Una tarea que luce imposible, pero de todos modos, en caso que así haya sido, aunque los discípulos se hayan robado el cuerpo, ¿cómo se explica el martirio de algunos de ellos? Porque muchos murieron por la fe. Murieron por creer en el Señor resucitado. ¿Podría alguien inventar la resurrección y luego morir por un engaño? Yo no lo creo. Tenemos que coincidir con John W. Stott, quien escribió: «Los hipócritas y los mártires no están hechos del mismo material».[2]

Algunos van más lejos y afirman que fueron los judíos los que se robaron el cuerpo. ¿Es posible que los enemigos de Jesús se hayan apropiado del cadáver? Quizás. ¿Pero por qué habrían de querer hacerlo? Ellos querían el cuerpo en la tumba. Así es que nos apresuramos a preguntar, si ellos se robaron el cuerpo, ¿por qué no le sacaron provecho a la aventura? ¿Por ejemplo, exhibirlo? Poner el cadáver del carpintero en un estrado funerario y llevarlo por toda Jerusalén y el movimiento de Jesús habría chisporroteado como una antorcha en

2 John R.W. Stott, *Basic Christianity*, InterVarsity, Downers Grove, Ill, 1971, 50.

el agua. Pero no hicieron nada. ¿Por qué? Sencillamente porque no lo tenían.

La muerte de Cristo fue real. Los discípulos no tuvieron nada que ver con el cuerpo. Los judíos tampoco. ¿Entonces dónde estaba Él? Bueno, durante los últimos dos mil años, millones han optado por aceptar la explicación sencilla que el ángel dio a María Magdalena. Cuando ella vino a visitar la tumba y la encontró vacía, le dijo: «No está aquí, pues ha resucitado, como dijo» (Mt 28.6).

Durante tres días, el cuerpo de Jesús fue víctima de la descomposición. No estaba descansando, como te imaginarás. Se descompuso. Las mejillas se hundieron y la piel se puso blanca. Pero después de tres días el proceso se invirtió. Dentro de la tumba hubo una conmoción, una profunda conmoción... y el cuerpo viviente de Cristo se incorporó.

Y en el momento que se incorporó, todo cambió. Como lo dijo Pablo: «Cuando Jesús se levantó de entre los muertos, aquello fue una señal del fin de la muerte como el fin de todo» (véase Ro 6.5-6).

¿No te emociona esa frase? «Fue la señal del fin de la muerte como el fin de todo». La resurrección es una explosión destellante que anuncia a todos los buscadores sinceros que no hay problema en creer. No hay problema en creer en la justicia final. No hay problema en creer en los cuerpos eternos. No hay problema en creer en el cielo como nuestro estado y la tierra como su estrado. No hay problema en creer en un tiempo cuando las preguntas no nos quitarán el sueño ni el dolor nos mantendrá postrados. No hay problema en creer en tumbas abiertas y días sin fin y alabanza genuina.

Porque podemos aceptar la historia de la resurrección, es seguro aceptar el resto de la historia.

Gracias a la resurrección, todo cambia.

Cambia la muerte. Se creía que era el final; ahora es el principio.

Cambia el cementerio. La gente iba allí una vez a decir adiós; ahora va a decir: «Pronto estaremos juntos de nuevo».

Hasta los ataúdes cambian. Ya no son más una caja donde escondemos los cuerpos, sino que son un capullo en el cual el cuerpo se guarda hasta que Dios lo libere para que vuele.

Y un día, según Cristo, será liberado. Él volverá. «Vendré otra vez y os tomaré a mí mismo» (Jn 14.3). Y para probar que su promesa iba en serio, se removió la piedra y su cuerpo resucitó.

Porque Él sabe que un día este mundo volverá a ser conmovido. En un abrir y cerrar de ojo, tan velozmente como el relámpago alumbra del este al oeste, Él volverá. Y toda persona lo verá: tú lo verás y yo lo veré. Los cuerpos se levantarán del polvo e irrumpirán a través de la superficie del mar. La tierra temblará, el cielo rugirá, y los que no lo conocen se estremecerán. Pero en esa hora tú no tendrás temor, porque tú lo conoces.

Porque tú, como el niño en Armenia, has oído la promesa de tu Padre. Sabes que Él ha quitado la piedra, no la piedra del terremoto armeniano, sino la piedra de la tumba arimateana. Y en el momento que Él quitó la piedra, también quitó toda razón para la duda. Y nosotros, como el niño, podemos creer las palabras de nuestro Padre: «Vendré otra vez, y os tomaré a mí mismo, para que donde yo estoy, vosotros también estéis» (Jn 14.3).

Capítulo 4

EN LOS CÁLIDOS Y AMOROSOS BRAZOS DE DIOS

Un día de reencuentro feliz

Porque el Señor mismo con voz de mando, con voz de arcángel, y con trompeta de Dios, descenderá del cielo; y los muertos en Cristo resucitarán primero. Luego nosotros los que vivimos, los que hayamos quedado, seremos arrebatados juntamente con ellos en las nubes para recibir al Señor en el aire, y así estaremos siempre con el Señor. Por tanto, alentaos los unos a los otros con estas palabras.

1 Tesalonicenses 4.16-18

Si tú eres de aquellas personas a quienes hay que recordarles lo frágiles que son los seres humanos, tengo una escena para recordártelo. La próxima vez que pienses que la gente ha llegado a ser demasiado estoica y autosuficiente, me gustaría llevarte a visitar un lugar. Si te preocupas porque te parece que los corazones son demasiado duros y que las lágrimas fluyen solo de vez en cuando, entonces déjame llevarte a un lugar donde las rodillas de los hombres se doblan y las lágrimas de las mujeres corren a raudales. Déjame llevarte a una escuela para que observes a los padres dejando a sus hijos en el aula el primer día de clases.

Es una escena traumática. Mucho después que la campana de la escuela ha sonado y las clases han comenzado, los adultos se demoran por ahí formando grupos y apoyándose mutuamente con palabras de aliento. Aun cuando saben que la escuela es buena, que la educación es de buen nivel, y que volverán a ver a sus hijos dentro de cuatro breves horas, se resisten a decirles adiós.

No nos gusta decir adiós a los seres queridos.

Pero lo que se vive en las escuelas al comienzo de cada año escolar es un picnic comparado con lo que se experimenta en un cementerio. Una cosa es dejar a un ser querido en un ambiente familiar, pero otra bien distinta es despedirlos porque se van a un mundo que no conocemos y que no podemos describir.

No nos gusta decir adiós a los seres queridos.

Pero tenemos que hacerlo. Aunque tratemos de evitarlo y no nos guste hablar de ello, la muerte es una parte muy real de la vida. En algún momento cada uno de nosotros debe soltar la mano de alguien a quien ama para dejar que la tome alguien a quien no vemos.

¿Recuerdas la primera vez que la muerte te forzó a decir adiós? La mayoría de nosotros lo recordamos. Un día cuando yo estaba en el tercer grado, regresé de la escuela y me sorprendió ver el camión de mi padre estacionado frente a la casa. Lo encontré afeitándose en el baño. «Murió tu tío Buck», me dijo. Su anuncio me entristeció. Quería a mi tío. No lo conocía muy bien, pero lo quería. La noticia despertó también en mí la curiosidad.

En el funeral oí palabras tales como *partida, morir, irse adelante.* Estos eran términos extraños para mí. Me pregunté, *¿Partir para dónde? ¿Morir a qué? ¿Irse adelante por cuánto tiempo?*

Por supuesto, desde entonces he aprendido que yo no soy el único que se hace preguntas acerca de la muerte. Escucha cualquier conversación sobre el retorno de Cristo, y alguien preguntará: «¿Pero qué pasa con los que ya han muerto? ¿Qué ocurre con los cristianos entre su muerte y el regreso de Cristo?»

Aparentemente, la iglesia en Tesalónica hacía tales preguntas. Por eso Pablo les dice: «Tampoco queremos, hermanos, que ignoréis acerca de los que duermen, para que no os entristezcáis como los otros que no tienen esperanza» (1 Ts 4.13).

La iglesia de Tesalónica había sepultado a algunos de sus hermanos amados. Y Pablo quería que los miembros que quedaran vivieran en paz a pesar de los que se habían ido adelante. Muchos de ustedes también han sepultado a seres queridos. Y así como Dios les habló a los de Tesalónica te habla a ti.

Si este año te toca celebrar tu aniversario de bodas solo, Él te habla.

Si tu hijo se fue al cielo antes de ir al jardín infantil, Él te habla.

Si pierdes a un ser querido en un accidente, si aprendiste más de lo que habrías querido sobre alguna enfermedad, si tus sueños quedaron sepultados mientras se depositaba el ataúd en la tierra, Dios te habla.

Él nos habla a todos los que nos hemos parado o tengamos que pararnos sobre el suave polvo cerca de una tumba abierta. Y a nosotros nos dice esta palabra de confianza: «Quiero que sepas lo que ocurre a un cristiano cuando muere, de tal manera que cuando tal cosa sucede, ustedes no se llenen de congoja como aquellos que no tienen esperanza. Porque si creemos que Jesús murió y volvió de nuevo a la vida, también podemos creer que cuando Jesús retorne, Dios traerá con Él a todos los cristianos que han muerto» (1 Ts 4.13-14).

Dios transforma nuestro pesar y desesperanza en pesar lleno de esperanza. ¿Cómo? Diciéndonos que veremos de nuevo a nuestros seres queridos.

Bob Russell es un amigo que pastorea en Kentucky. Hace poco que falleció su padre. El funeral tuvo lugar bajo un día frío y horrible de Pennsylvania. Los caminos cubiertos de nieve hicieron imposible la procesión fúnebre, de modo que el director le dijo a Bob: «Voy a llevar yo solo el cuerpo de su padre a la sepultura». Bob no podía soportar el pensamiento de no estar presente en el momento en que su padre fuera bajado a la tumba, así es que él, su hermano y sus hijos se acomodaron como pudieron dentro de un vehículo con tracción en las cuatro ruedas y siguieron la carroza. Esto es lo que escribió:

> Conducimos rumbo al cementerio sobre diez pulgadas de nieve, estacionamos a unos cuarenta metros de la sepultura de papá, con el viento soplando a unos cuarenta kilómetros por hora, y los seis de nosotros cargamos el ataúd hasta la tumba... Miramos cómo el cuerpo descendía y luego nos volvimos para irnos. De pronto sentí que algo faltaba por hacer, de modo que dije: «Tengamos una oración». Los seis nos agrupamos y entonces yo oré: «Señor, este es un lugar frío y solitario...» Y no pude seguir. Traté de recuperar la compostura hasta que finalmente susurré: «Pero te doy gracias porque sabemos que estar ausente del cuerpo es estar seguro en tus brazos cálidos y amorosos».[1]

¿No es eso lo que queremos creer? Así como los padres necesitan saber que sus hijos están seguros en la escuela, nosotros deseamos saber que nuestros amados están seguros en la muerte. Deseamos tener la confianza que el alma va inmediatamente para estar con Dios. ¿Pero nos atrevemos a creerlo? ¿Podemos creerlo? Según la Biblia, sí podemos.

Es sorprendente lo poco que las Escrituras dicen sobre esta fase de nuestras vidas. Cuando se refiere al período entre la muerte del cuerpo y la resurrección del cuerpo, la Biblia no alza la voz; sencillamente susurra. Pero en la confluencia de estos susurros, se oye una voz firme. Esta voz de autoridad nos asegura que, al morir, el cristiano entra inmediatamente en la presencia de Dios y disfruta conscientemente del compañerismo con el Padre y con aquellos que han partido antes.

¿De adónde saco tales ideas? Escucha uno de estos susurros:

> Porque para mí el vivir es Cristo, y el morir es ganancia. Mas si el vivir en la carne resulta para mí en beneficio de la obra, no sé entonces

1 Tomado de Bob Russell, *Favorite Stories*, The Living Word Ministries, Louisville, Ky, cassette.

> qué escoger. Porque de ambas cosas estoy puesto en estrecho, teniendo deseo de partir y estar con Cristo, lo cual es muchísimo mejor (Flp 1.21-23).

El lenguaje sugiere aquí una partida inmediata del alma después de la muerte. Los detalles de la gramática son un poco tediosos pero veamos lo que sugiere un erudito: «Lo que Pablo está diciendo aquí es que en el momento en que él parte o muere, en ese mismo momento está con Cristo».[2]

La carta que Pablo escribió a los corintios nos ofrece otra pista. Quizás habrás oído la frase «estar ausentes del cuerpo, y presentes al Señor». Pablo fue quien lo dijo: «Más quisiéramos estar ausentes del cuerpo, y presentes al Señor» (2 Co 5.8).

En la Segunda Venida de Cristo nuestros cuerpos resucitarán. Pero obviamente en este versículo Pablo no está hablando de eso. De otra manera no habría usado la frase «ausentes del cuerpo». Pablo está describiendo una fase después de nuestra muerte y antes de la resurrección de nuestros cuerpos. Durante este tiempo estaremos «presentes al Señor».

¿No es esta, precisamente, la promesa que Jesús hizo al ladrón en la cruz? Antes, el ladrón había reprendido a Jesús. Ahora se arrepiente y pide misericordia. «Acuérdate de mí cuando vengas en tu reino» (Lc 23.42). Probablemente el ladrón está orando para que se le recuerde en algún tiempo distante en el futuro cuando el reino venga. No esperaba una respuesta inmediata. Pero la recibe: «De

2 Anthony Hoekema, *The Bible and the Future*, Eerdmans, Grand Rapids, MI, 1979, 104. *Analysai* (partir) es un infinitivo aoristo, que describe la experiencia momentánea de la muerte. Unido a *analysai* por un solo artículo está el infinitivo presente, *einai* (estar). El artículo solo une los dos infinitivos de tal manera que las acciones descritas por los infinitivos son dos aspectos de la misma cosa, como los dos lados de una misma moneda. Pablo está diciendo aquí que en el momento que él parta o muera, en ese mismo momento, estará con Cristo.

cierto te digo que hoy estarás conmigo en el paraíso» (v. 43). El mensaje primario de este pasaje es la gracia ilimitada y sorprendente de Dios. El alma del creyente va a donde está el Señor, mientras que el cuerpo aguarda la resurrección.

Cuando Esteban moría, vio «los cielos abiertos y al Hijo del Hombre que está a la diestra de Dios» (Hch 7.56). Y mientras se acercaba la muerte, oraba: «Señor Jesús, recibe mi espíritu» (v. 59). Es seguro asumir que Jesús hizo precisamente eso. Aunque el cuerpo de Esteban estaba muerto, su espíritu estaba vivo. Aunque su cuerpo fue sepultado, su espíritu estaba en la presencia del propio Jesús.

Alguien puede no estar de acuerdo con este pensamiento. Y proponga un período intermedio de purgación, un lugar en el cual somos castigados por nuestros pecados. Este «purgatorio» es el lugar donde, por un período indeterminado de tiempo, recibimos lo que merecen nuestros pecados para que podamos recibir justamente lo que Dios ha preparado.

Pero dos cosas me molestan sobre esta enseñanza. Por un lado, ninguno de nosotros puede soportar lo que nuestros pecados merecen. Por el otro, Jesús ya lo hizo. La Biblia enseña que la paga del pecado es muerte, no purgatorio (véase Ro 6.23). La Biblia también enseña que Jesús llegó a ser nuestro purgatorio y llevó nuestro castigo: «Habiendo efectuado la purificación de nuestros pecados por medio de sí mismo, se sentó a la diestra de la Majestad en las alturas» (Heb 1.3). No hay purgatorio porque el purgatorio tuvo lugar en el Calvario.

Otros creen que mientras el cuerpo es sepultado, el alma duerme. Y los que creen tal cosa lo hacen sinceramente. En dos diferentes epístolas, Pablo usa siete veces el término *dormir* para referirse a la muerte (véase 1 Co 11.30; 15.6,18,20; 1 Ts 4.13-15). Se podría deducir que el tiempo entre la muerte y el retorno de Cristo se pasa en un estado de adormecimiento. (Y, si tal fuere el caso, ¿quién podría quejarse? Nos gusta dormir, ¿no es cierto?)

Pero hay un problema. La Biblia se refiere a algunos que ya han muerto que hacen cualquiera cosa menos dormir. Sus cuerpos están durmiendo, pero sus almas están bien despiertas. Apocalipsis 6.9-11 se refiere a las almas de los mártires que claman por justicia en la tierra. Mateo 17.3 habla de Moisés y Elías, quienes aparecieron en el Monte de la Transfiguración con Jesús. A Samuel, quien regresó de la tumba, se le describe como usando una túnica y con la apariencia de un dios (1 S 28.13-14). ¿Y qué podría decirse de la nube de testigos que nos rodean (Heb 12.1)? ¿Podría tratarse de los héroes de la fe y de los seres queridos que se han ido antes que nosotros?

Yo creo que sí. Pienso que la oración de Bob era correcta. Cuando en la tierra hace frío, podemos buscar calor en el conocimiento de que nuestros seres queridos están en los cálidos y amorosos brazos de Dios.

No nos gusta decir adiós a nuestros seres queridos. Trátese de la escuela o el cementerio, la separación es dolorosa. No está mal que lloremos, pero no necesitamos desesperarnos. Ellos sufrieron aquí. Allá no hay dolor. Ellos tuvieron problemas aquí. Allá no hay problemas. Tú y yo podríamos preguntar a Dios por qué se los lleva. Pero ellos no. Ellos lo entienden. Ellos están, en este mismo momento, en paz en la presencia de Dios.

Hace menos de un año me encontraba ministrando en San Antonio cuando uno de nuestros miembros me pidió que hablara en el funeral de su madre. Su nombre era Ida Glossbrenner, pero sus amigos le decían Polly.

Mientras su hijo y yo planeábamos el servicio, me contó una historia fascinante sobre las últimas palabras que su madre había dicho. La señora Glossbrenner había estado como inconsciente en las últimas horas de su vida. En ese tiempo no pronunció palabra alguna. Pero momentos antes de su muerte, abrió los ojos y dijo con una voz clara: «Me llamo Ida Glossbrenner, pero mis amigos me dicen Polly».

¿Alucinaciones? Quizás. O a lo mejor algo más que eso. Quizás Ida estaba, bueno, en la puerta de entrada a los cielos. Su cuerpo acá. Su alma en la presencia de Dios. Y quizás estaba identificándose.

No lo sé. Pero sí sé que cuando hace frío en la tierra, podemos encontrar refugio en el conocimiento de que nuestros seres queridos están en los cálidos y amorosos brazos de Dios. Y cuando Cristo venga, nosotros también lo estaremos.

Capítulo 5

Hecho de nuevo

Día de rejuvenecimiento

Pero cada uno en su debido orden: Cristo, las primicias;
luego los que son de Cristo en su venida.
1 Corintios 15.23

Supongamos que un día vas pasando por mi granja y ves que yo estoy allí, llorando. (No tengo granja ni inclinación a sentarme por ahí a llorar, pero vamos a suponer que lo hago.) Ahí estoy, sentado, desconsolado ante un surco abierto en la tierra. Preocupado, te acercas y me preguntas qué me pasa. Te miro por debajo de mi gorra John Deere y extiendo hacia ti mi mano empuñada. La abro y la palma aparece llena de semillas. «Estas semillas me rompen el corazón», lloriqueo. «Me rompen el corazón», repito.

«¿Qué?»

Entre sollozos, te explico: «Pondré estas semillas en el surco y las cubriré con tierra. Se morirán, y nunca más las volveré a ver».

Mientras yo lloro, tú estás estupefacto. Miras a tu alrededor tratando de encontrar el camión volcado del cual estás seguro que acababa de salir ileso. Finalmente, me explicas un principio básico de agricultura: De la muerte de la semilla nace una nueva planta.

Me pones un dedo en el rostro y me recuerdas con toda amabilidad: «No te lamentes por tener que sepultar la semilla. ¿No sabes que pronto vas a ser testigo de un tremendo milagro de Dios? Con tiempo y cuidado, esta pequeña semilla saldrá de su prisión en la tierra y florecerá con una hermosura inimaginable».

Bueno, quizás tú no seas tan dramático, pero estos son tus pensamientos. El granjero que se ponga a llorar sobre las semillas enterradas debe recordar que el tiempo de plantar no es tiempo de sufrir. Cualquiera persona que se lamente sobre un cuerpo sepultado necesita recordar lo mismo. Necesitamos recordar lo que les dijo Pablo a los corintios: «Hay un orden en esta resurrección: Cristo resucitó primero; luego, cuando Cristo venga otra vez, todo su pueblo resucitará» (1 Co 15.23).

En el capítulo anterior vimos lo que ocurre a los cristianos entre la muerte del cuerpo y el regreso de nuestro Salvador. En esta fase, las Escrituras nos aseguran que nuestra alma está viva aunque nuestro cuerpo ha sido sepultado. Este es un período intermedio en el cual estamos «ausentes del cuerpo, y presentes al Señor» (2 Co 5.8).

Al momento de morir, nuestras almas se trasladan inmediatamente a la presencia de Dios mientras esperamos la resurrección de nuestros cuerpos. ¿Y cuándo tendrá lugar esta resurrección?, piensas. Cuando Cristo venga. «Cuando Cristo venga otra vez, los que son suyos resucitarán a vida, y entonces vendrá el fin» (1 Co 15.23-24).

Este versículo levanta algunas preguntas: ¿A qué se refiere Pablo con «los que son suyos resucitarán a vida»? ¿Qué resucitará? ¿Mi cuerpo? Y si es así, ¿por qué *este* cuerpo? No me gusta mi cuerpo. ¿Por qué no comenzar con algo completamente nuevo?

Volvamos a la finca y busquemos allí algunas respuestas.

Si mi alegoría de la semilla te hizo pensar, debo confesarte algo. La idea no es mía; se la robé al apóstol Pablo. El capítulo 15 de su carta a los corintios es el ensayo definitivo sobre nuestra resurrección. No vamos a ver todo el capítulo, sino que vamos a aislar unos pocos versículos y señalar algunas cosas.

Pablo escribe: «Pero dirá alguno: ¿Cómo resucitarán los muertos? ¿Con qué cuerpo vendrán? Necio, lo que tú siembras no se vivifica, si no muere antes. Y lo que siembras no es el cuerpo que ha de salir, sino el grano desnudo, ya sea de trigo o de otro grano; pero Dios le da el cuerpo como Él quiso, y a cada semilla su propio cuerpo» (1 Co 15.35-38).

En otras palabras: Tú no puedes tener un nuevo cuerpo sin que muera el viejo cuerpo.[1] O, como dice Pablo: «Lo que tú siembras no se vivifica, si no muere antes» (v. 36).

Un amigo me contó que el paralelismo que Pablo hace entre la siembra de la semilla y la sepultura de los cuerpos le trae a la memoria un comentario que le hizo su hijo menor. El niño estaba en primer grado y su clase estaba estudiando las plantas por el mismo tiempo que su familia tuvo que asistir al funeral de un ser querido. Tiempo después, cuando pasaban por fuera del cementerio, los dos hechos se unieron en una sola expresión: «Mami», dijo, apuntando hacia el camposanto: «¿aquí es donde plantan a la gente?»

Al apóstol Pablo le habría gustado oír eso. En verdad, a Pablo le gustaría cambiar nuestra manera de pensar acerca del proceso de sepultura. El servicio que se hace junto al hueco en la tierra no es porque se esté sepultando a alguien, sino porque se lo está plantando. La tumba no es meramente un hueco en la tierra, sino que es un surco fértil. El cementerio no es un lugar de descanso sino un lugar de transformación.

Muchos piensan que la muerte no tiene sentido. La muerte es a la gente lo que los huecos negros son al espacio: un poder misterioso, inexplicable, antipático, voraz al que hay que evitar como sea. Y así lo hacemos. Hacemos todo lo que podemos para vivir y no morir. Dios, sin embargo, dice que debemos morir para vivir. Cuando se siembra una semilla, esta tiene que morir en la tierra antes que pueda crecer (v. 6). Lo que nosotros vemos como la tragedia suprema, Él lo ve como el triunfo final.

[1] A menos, por supuesto, que estés vivo cuando Cristo regrese, y entonces igualmente tendrías un nuevo cuerpo. Pablo dice esto en 1 Corintios 15.51.

Y cuando un cristiano muere, no es tiempo para desesperarse sino tiempo para confiar. Así como la semilla se entierra y la cáscara que la cubre se corrompe, así nuestro cuerpo carnal será enterrado y se corromperá. Pero así también como de la semilla sembrada brota nueva vida, así nuestro cuerpo florecerá en un nuevo cuerpo. Como dijo Jesús: «Si el grano de trigo no cae en la tierra y muere, queda solo; pero si muere lleva mucho fruto» (Jn 12.24), o, como dice la versión «Phillips» en inglés: «A menos que el grano de trigo caiga en la tierra y muera, seguirá siendo un grano de trigo; pero si muere, producirá una buena cosecha».

Si pudiéramos hacer una variación un tanto brusca a esta metáfora, permíteme saltar de las plantas y una finca a una comida y el postre. ¿No nos gusta dejarnos seducir por el postre? ¿No nos agrada oír al cocinero decir: «En cuanto terminen, tengo una sorpresa para ustedes»? Dios dice algo parecido en cuanto a nuestro cuerpo. «En cuanto terminen con el que tienen, tengo una sorpresa para ustedes».

¿Cuál es la sorpresa? ¿Cuál es este nuevo cuerpo que voy a recibir? De nuevo, ayuda nuestra analogía de la semilla. Pablo escribió: «Cuando la siembras [la semilla], no tiene el mismo "cuerpo" que tendrá después» (1 Co 15.37). En consecuencia, nosotros podemos imaginarnos el nuevo cuerpo mirando al cuerpo viejo.

Pienso que te va a gustar la paráfrasis que de este texto hace Eugene Peterson:

> Para este tipo de cosas no hay diagramas. Podemos tomar un paralelismo de la jardinería. Tú siembras una semilla «muerta» y pronto tendrás una planta. No hay similitud visual entre semilla y planta. Nunca podrías imaginarte cómo va a lucir un tomate mirando una semilla de tomate. Lo que sembramos en la tierra y lo que crece de eso que sembramos no se ve igual. El cuerpo muerto que enterramos en la tierra y el cuerpo de resurrección que surge de él son dramáticamente diferentes (1 Co 15.37).

El punto que quiere señalar Pablo es claro. No podemos imaginarnos la gloria de la planta mirando la semilla, ni tampoco podemos tener una idea del cuerpo futuro estudiando el cuerpo actual. Todo lo que sabemos es que este cuerpo será cambiado.

«¡Vamos, Pablo! Danos por lo menos una pista. Solo un atisbo. ¿No podrías decirnos algo más sobre nuestros cuerpos nuevos?»

Aparentemente él sabía que preguntaríamos eso porque sigue con el tema por unos pocos párrafos más y nos da un punto final: No podrás imaginártelo, pero una cosa te puedo asegurar: Tu nuevo cuerpo te va a gustar.

Pablo señala tres formas en que Dios va a transformar nuestros cuerpos. Nuestros cuerpos serán cambiados de:

1. Corrupción a incorrupción. «El cuerpo es sembrado en corrupción, pero se levanta en incorrupción» (v. 42).
2. Deshonra a gloria. «Se siembra en deshonra, se resucitará en gloria» (v. 43).
3. Debilidad a poder. «Se siembra en debilidad, se resucitará en poder» (v. 43).

Corrupción. Deshonra. Debilidad. Tres palabras poco gratas usadas para describir nuestros cuerpos. ¿Pero quién podría discutir lo contrario?

Julius Schniewind no lo haría. Él fue un distinguido erudito bíblico europeo. En la semana final de su vida, luchó contra una dolorosa enfermedad de los riñones. Su biógrafo cuenta cómo, una noche, después que el profesor hubo dirigido un estudio bíblico, se quiso poner el abrigo para regresar a casa, pero un fuerte dolor lo hizo exclamar en voz alta esta frase en griego ***Soma tapeinoseos, soma tapeinoseos***. El estudioso de las Escrituras estaba citando las palabras de Pablo: «Mas nuestra ciudadanía está en los cielos, de donde también esperamos al Salvador, al Señor Jesucristo, el cual transformará el cuerpo de la humillación nuestra [***soma tapeinoseos***]» (Flp 3.20-21)[2]

Seguramente ni tú ni yo vamos a pronunciar frases en griego, pero sabemos bien lo que significa vivir en un cuerpo de humillación. De hecho, algunos de ustedes conocen esto demasiado bien. Solo por curiosidad, preparé una lista de las noticias que he oído en las últimas veinticuatro horas sobre personas que se han enfermado. Este es el resultado:

- A un profesor se le diagnosticó mal de Parkinson.
- Un hombre de mediana edad está preocupado por el resultado de sus exámenes. Mañana sabremos si tiene cáncer.
- A un amigo de mi padre lo van a operar de los ojos.
- Otro amigo tuvo un infarto.
- Un ministro murió después de cuarenta años de ministerio.

¿Captas la idea? Sin duda que sí. Me pregunto si Dios no querrá usar las siguientes pocas líneas para hablarte directamente a ti. Tu cuerpo está tan cansado, tan agotado. Articulaciones adoloridas y músculos fatigados. Ahora entiendes por qué Pablo describe el cuerpo como una habitación. «Gemimos ... en nuestra habitación», escribió (2 Co 5.2). Tu habitación acostumbraba ser robusta y fuerte, pero el tiempo ha pasado y las tormentas han arreciado y a este viejo cascarón se le han hecho algunas averías. Aterida por el frío, azotada por el viento, tu habitación ya no es tan fuerte como antes fue.

O, a lo mejor tu «habitación», tu cuerpo, nunca ha sido fuerte. Tu vista nunca ha sido muy buena, tu oído nunca ha sido muy claro. Tu andar nunca ha sido muy vigoroso; tu corazón nunca ha sido muy fuerte. Has observado a otros dar por descontada la buena salud que tú nunca has tenido. Sillas de ruedas, visitas al médico, cuartos de

2 Hans Joachim Kraus, *Charisma der Theologie*, tal como lo cita John Piper, *Future Grace*, Multnomah Books, Sisters, Oreg, 1995, 370.

hospital, agujas, estetoscopios. Te vas a sentir feliz si nunca vuelves a ver en el resto de tu vida una de estas cosas. Darías cualquiera cosa, sí, cualquiera cosa por un solo día en un cuerpo fuerte y saludable.

Si lo anterior te describe, deja que Dios hable a tu corazón por solo un momento. El propósito de este libro es usar el regreso de Cristo para dar ánimo a tu corazón. Pocas personas necesitan más aliento que los enfermos. Y pocos versículos dan más ánimo que Filipenses 3.20-21. Leímos el versículo 20 unos pocos párrafos atrás. Saborea ahora el versículo 21: «El cual transformará el cuerpo de la humillación nuestra, para que sea semejante al cuerpo de la gloria suya» (Flp 3.21).

Veamos cómo expresan esta misma idea otras versiones de la Biblia:

«Él transfigurará estos nuestros cuerpos miserables en copias de su cuerpo glorioso» (Biblia de Jerusalén).

«Él transformará nuestro modesto ser reproduciendo en nosotros el esplendor del suyo, con esa energía que le permite incluso someterse el universo» (Nueva Biblia Española).

A pesar de la fraseología diferente, la promesa es la misma. Tu cuerpo será cambiado. No recibirás un cuerpo diferente; recibirás un cuerpo renovado. Así como Dios puede hacer un roble de una semilla y un tulipán de un bulbo, Él hace del cuerpo viejo uno «nuevo». Un cuerpo sin corrupción. Un cuerpo sin debilidades. Un cuerpo sin deshonra. Un cuerpo idéntico al cuerpo de Jesús.

Mi amiga Joni Eareckson Tada dice lo mismo. Cuadrapléjica a raíz de un accidente en su adolescencia, las dos últimas décadas las ha vivido en un malestar continuo. Ella, más que la mayoría de nosotros, conoce el significado de vivir en un cuerpo debilitado. Al mismo tiempo, ella más que muchos de nosotros, sabe de la esperanza de un cuerpo resucitado. Escucha sus palabras:

> En alguna parte de mi cuerpo roto y paralizado está la semilla de lo que llegaré a ser. La parálisis hizo de mí lo que soy para llegar a ser lo más grandioso cuando se hace la diferencia entre unas piernas

> atrofiadas e inservibles y unas esplendorosas piernas resucitadas. Estoy convencida que si hay espejos en el cielo (¿por qué no habría de haberlos?) la imagen que vea será incuestionablemente «Joni», aunque una Joni mucho mejor y más brillante. Solo que no se puede comparar... porque tendré la semejanza de Jesús, el hombre del cielo.[3]

¿Te gustaría tener un atisbo de lo que será tu nuevo cuerpo? Echemos una mirada al cuerpo resucitado de nuestro Señor. Después de su resurrección, Jesús pasó cuarenta días en presencia de la gente. El Cristo resucitado no era que no tuviera cuerpo y que estuviera solo en un estado espiritual. Definitivamente, no. Tenía un cuerpo que se podía ver y tocar.

Pregúntale a Tomás. Tomás dijo que él no creería en la resurrección a menos que «viere la señal de los clavos, y metiere mi dedo en el lugar de los clavos, y metiere mi mano en su costado» (Jn 20.25). ¿La respuesta de Cristo? Se apareció a Tomás y le dijo: «Pon aquí tu dedo, y mira mis manos; y acerca tu mano, y métela en mi costado; y no seas incrédulo, sino creyente» (v. 27).

Jesús no se apareció como una bruma, un viento ni con el aspecto de un fantasma. Se apareció con un cuerpo. Un cuerpo que mantenía una conexión sustancial con el que originalmente tenía. Un cuerpo de carne y huesos. Por eso dijo a sus seguidores: «Un espíritu no tiene carne ni huesos, como veis que yo tengo» (Lc 24.39).

El cuerpo resucitado de Jesús, entonces, era un cuerpo real, suficientemente real como para andar por el camino a Emaús, suficientemente real como para aparecerse en la forma de un jardinero, suficientemente real como para tomar desayuno con sus discípulos en Galilea. Jesús tenía un cuerpo real.[4]

3 Joni Eareckson Tada, *Heaven: Your Real Home* [El cielo: tu verdadero hogar], Zondervan, Grand Rapids, Mich, 1995, 39.

4 Lucas 24.13-35; Juan 20.10-18; Juan 21.12-14.

Al mismo tiempo, este cuerpo no era un duplicado de su cuerpo terrenal. Marcos nos dice que Jesús «[se] apareció en otra forma» (Mc 16.12). Aunque era el mismo, era diferente. Tan diferente que María Magdalena, sus discípulos en la playa, y sus discípulos en el camino a Emaús no lo reconocieron. Aunque invitó a Tomás a tocar su cuerpo, pasó a través de una puerta cerrada para estar en la presencia de Tomás.[5]

¿Entonces qué sabemos del cuerpo de Jesús resucitado? Era diferente a cualquiera otro que el mundo jamás haya visto.

¿Qué sabemos sobre nuestros cuerpos resucitados? Serán tan diferentes como jamás pudiéramos imaginarnos.

¿Vamos a lucir tan diferentes que no seremos reconocidos instantáneamente? Quizás. (A lo mejor vamos a necesitar etiquetas.) ¿Atravesaremos las paredes? Es posible que seamos capaces de hacer mucho más que eso.

¿Seguiremos llevando las cicatrices de dolor de la vida? ¿Las marcas de guerra? ¿Las desfiguraciones por enfermedades? ¿Las heridas por la violencia? ¿Permanecerán estas marcas en nuestros cuerpos? Es una buena pregunta. Jesús, a lo menos durante cuarenta días, las conservó. ¿Conservaremos las nuestras? Sobre esto solo tenemos opiniones, pero mi opinión es que no. Pedro nos dice que «por su herida fuimos nosotros curados» (1 P 2.24). En los registros del cielo, una sola herida es digna de recordarse. Y esa es la herida de Jesús. Nuestras heridas no existirán.

Dios va a renovar nuestro cuerpo y hacerlo como el suyo. ¿Qué diferencia hará esto en la manera en que vives?

Tu cuerpo, en cierta forma, durará para siempre. Respétalo.

Vivirás para siempre en este cuerpo. Será diferente. Lo que ahora es torcido será enderezado. Lo que ahora es imperfecto será reparado. Tu cuerpo será diferente, pero tú no querrás un cuerpo diferente. Tú tienes este. ¿Cambia la opinión que tienes de este? Espero que sí.

[5] Juan 20.14; Juan 21.1-4; Lucas 24.16; Juan 20.26.

Dios tiene en alta estima tu cuerpo. Tú deberías tenerla también. Respétalo. No digo que lo adores, solo que lo respetes. Es, después de todo, el templo de Dios (véase 1 Co 6.19). Sé cuidadoso con lo que comes, cómo lo usas, y lo mantienes. No te gustaría que alguien estropeara tu casa; Dios tampoco quiere que le estropeen la suya. Porque es su casa, ¿verdad? Un poco de ejercicio y algo de dieta para la gloria de Dios no creo que sea pedir mucho. En alguna forma, tu cuerpo durará para siempre. Respétalo.

Tengo un último pensamiento.

Tu dolor NO durará para siempre. Créelo.

¿Tienes artritis en tus coyunturas? En el cielo no la tendrás.

¿Está débil tu corazón? En el cielo será fuerte.

¿Tienes un cáncer destruyendo tu sistema? En el cielo no hay cáncer.

¿Se desconectan tus pensamientos? ¿Te está fallando la memoria? Tu nuevo cuerpo tendrá una mente nueva.

¿Parece este cuerpo más cercano a la muerte que nunca antes? Es posible. Lo está. Y a menos que Cristo venga antes, tu cuerpo será sepultado. Así como la semilla se pone en la tierra, así tu cuerpo será puesto en una tumba. Y por un tiempo, tu alma estará en el cielo mientras tu cuerpo sigue en la tumba. Pero la semilla enterrada en la tierra florecerá en el cielo. Tu alma y tu cuerpo se reunirán y tú serás como es Jesús.

Capítulo 6

UNA NUEVA VESTIMENTA

Un día de redención

Permaneced en Él, para que cuando se manifieste tengamos confianza, para que en su venida no nos alejemos avergonzados.

1 Juan 2.28

No pretendo ser un buen golfista, pero sí tengo que confesar que soy un adicto al golf. Si conoces un programa de doce pasos para tratar el mal, me inscribo. «Hola. Soy Max, un golfadicto». Me encanta jugar golf, mirar jugar golf, y, en las noches buenas, hasta sueño con golf.

Saber esto te ayudará a entender la tremenda alegría que sentí cuando me invitaron al Torneo de Maestros. Un boleto para el «Masters» es para el golfista como el Cáliz Sagrado. Son igual de escasos que las bolas que logro echar a los hoyos. De modo que estaba emocionado. La invitación vino vía el golfista profesional Scott Simpson. A cada jugador se le da cierta cantidad de boletos y Scott nos ofreció a mi esposa y a mí dos de los suyos. (Si alguna vez alguien hubiera dudado que Scott entraría al cielo, este gesto suyo eliminó cualquiera duda.)

De modo que partimos para el Club de Campo «Augusta National» en Atlanta, Georgia. Allí los trofeos de golf son como el musgo que cuelga de los árboles. Está el campo donde Nicklaus dio *el* golpe. El borde donde se detuvo la bola de Mize. La pista donde Saranson golpeó *su* tiro de aproximación. Yo era como un niño en una confitería. Y, como un niño, no podía captar suficiente. No me bastaba con ver el campo de golf y caminar por el terreno. Quería ver el salón de los trofeos. Allí es donde están en exhibición los palos de Hoigan y Azinger. Allí es donde pasan el tiempo los jugadores. Y allí era donde yo quería estar.

Pero no me lo permitieron. Un guarda me cerró el paso. Le mostré mi boleto, pero él movió la cabeza. Le dije que conocía a Scott, pero tampoco sirvió. Le prometí que le ayudaría para que su hijo mayor entrara en la universidad. Nada. «Solo *caddies* y jugadores», me dijo. Claro. Él sabía que yo no era jugador. También sabía que yo no era un *caddie*. En los «Masters» los *caddies* deben usar ropa blanca y mi ropa me delataba. Así es que opté por retirarme, pensando que nunca lograría ver los palos y los trofeos. Había hecho todo ese camino hasta la puerta pero me habían negado la entrada.

Muchas, muchísimas personas temen que les pase lo mismo. No en Augusta, sino en el cielo. Temen que en la puerta les digan que no pueden entrar. Un temor lógico, ¿no te parece? Estamos hablando de un momento fundamental. Que no lo dejen entrar a uno para ver la historia del golf es una cosa, pero que le nieguen la entrada al cielo es otra muy diferente.

Esta es la razón por qué algunas personas no quieren hablar del regreso de Cristo. El tema los pone nerviosos. Puede que se trate de personas temerosas de Dios y asistentes a la iglesia, pero así y todo, el asunto los pone mal. ¿Hay una solución para este miedo? ¿Necesitas pasar el resto de tu vida preguntándote si te van a parar en la puerta? Sí, hay una solución y no tienes que preocuparte. Según la Biblia, es posible «saber más allá de toda duda que tienes vida eterna» (1 Jn 5.13). ¿Cómo? ¿Cómo podemos estar seguros?

Curiosamente, todo tiene que ver con la ropa que usamos.

Jesús explicó el asunto en una de sus parábolas. Cuenta la historia de un rey que planea una fiesta de bodas para su hijo. Se entregan las invitaciones, pero la gente «se niega a asistir» (Mt 22.3). El rey es paciente y extiende una segunda invitación. Esta vez los siervos del rey son maltratados y muertos. El rey se pone furioso. Los asesinos son castigados y la ciudad es destruida y la invitación se hace, ahora, a todo el mundo.

La aplicación de la parábola no es complicada. Dios invitó a Israel, sus escogidos, a ser sus hijos. Pero ellos rechazaron la invitación. Y no solo la rechazaron, sino que mataron a sus siervos y crucificaron a su hijo. La consecuencia fue el juicio de Dios. Jerusalén fue incendiada y el pueblo esparcido.

Pero la parábola continúa, y el rey hace otra invitación. Esta vez se dio a todos el acceso a la fiesta de bodas: «buenos y malos», o, judíos y gentiles. Aquí es donde nosotros, los que no somos judíos, entramos en la parábola. Nosotros somos los beneficiarios de la invitación amplia. Y un día, cuando *Cristo venga*, estaremos en la entrada del castillo del rey. Pero la historia no termina aquí. Estar a la puerta no es suficiente. Se requiere una ropa determinada. La parábola termina con un párrafo estremecedor.

Retomemos la historia en el final del versículo 10:

> Y las bodas fueron llenas de convidados. Y entró el rey para ver a los convidados, y vio allí a un hombre que no estaba vestido de boda. Y le dijo: Amigo, ¿cómo entraste aquí, sin estar vestido de boda? Mas él enmudeció. Entonces el rey dijo a los que servían: Atadle de pies y manos, y echadle en las tinieblas de afuera; allí será el lloro y el crujir de dientes (Mt 22.10-13).

A Jesús le encantaban los finales sorpresivos y este, además de sorpresivo, es aterrorizador: Un hombre en el lugar correcto, rodeado por los que tenían que estar allí, pero vestido con la ropa que no era. Y porque estaba vestido así, fue echado de la presencia del rey.

«¿Ropa que no era? Max, me estás diciendo que Jesús se preocupa de la ropa que vistes?»

Aparentemente, así es. De hecho, la Biblia nos habla de la ropa exacta que Dios quiere que vistamos.

«Sino vestíos del Señor Jesucristo, y no proveáis para los deseos de la carne» (Ro 13.14).

«Pues todos sois hijos de Dios por la fe en Cristo Jesús; porque todos los que habéis sido bautizados en Cristo, de Cristo estáis revestidos» (Gl 3.26-27).

Esta ropa no tiene nada que ver con *jeans* o trajes. La preocupación de Dios es con nuestra ropa espiritual. Él ofrece una túnica celestial que solo el cielo puede ver y solo el cielo puede dar. Escucha las palabras de Isaías: «En gran manera me gozaré en Jehová, mi alma se alegrará en mi Dios; porque me vistió con vestiduras de salvación, me rodeó de manto de justicia» (Is 61.10).

¿Recuerdas las palabras del padre cuando el hijo pródigo volvió al hogar? Él quería que su hijo tuviera sandalias nuevas, un anillo nuevo, ¿y qué más? Ropa nueva. «Sacad el mejor vestido, y vestidle» (Lc 15.22). Ningún hijo suyo se iba a ver como un andrajoso. El padre quería que vistiera la mejor ropa.

Tu Padre celestial quiere para ti lo mismo.

De nuevo, esto de la ropa no tiene nada que ver con lo que la tienda te puede ofrecer. Tiene que ver con lo que Dios te da cuando le entregas tu vida a Él. Déjame explicarte.

Cuando una persona llega a ser un seguidor de Cristo, cuando confiesa sus pecados y acepta la gracia de Jesús, tiene lugar un maravilloso milagro. La persona ahora está «en» Cristo. «Por lo tanto, no hay condenación para los que están *en Cristo Jesús*» (Ro 8.1, énfasis del autor).

Juan nos anima a «permanecer en Él, para que cuando se manifieste [Cristo] tengamos confianza ... y no nos alejemos de Él avergonzados» (1 Jn 2.28).

¿Qué quiere decir estar «en Cristo»? La ilustración de la ropa es apropiada. ¿Por qué o para qué usamos ropa? Hay partes de nuestro cuerpo que queremos ocultar.

Lo mismo puede ser verdad en cuanto a nuestras vidas espirituales. ¿Querríamos que Dios viera todo en nosotros? No. Si así fuese, tendríamos vergüenza y miedo. ¿Cómo podríamos esperar ir al cielo con todas nuestras faltas a la vista? «La verdadera vida», dice Pablo: «Está escondida con Cristo en Dios» (Col 3.3).

Demos un paso más hacia adelante. Imaginémonos cómo se vería en el cielo una persona que no esté vestida de Cristo. Para bien del análisis, imagina a un ser humano decente. Lo llamaremos Danny el Decente. Desde nuestra perspectiva, Danny no tiene problemas. Paga sus impuestos, paga sus cuentas, atiende a su familia y respeta a sus jefes. Es una buena persona. En realidad, si tuviéramos que vestirlo, lo vestiríamos de blanco.

Pero el cielo ve a Danny en forma diferente. Dios ve lo que tú y yo no vemos. Porque mientras Danny el Decente camina por la vida, comete faltas. Y cada vez que peca aparece una mancha en su ropa. Por ejemplo, alteró la verdad cuando ayer habló con su jefe. Una mancha. Aunque levemente, adulteró su informe de gastos. Otra mancha. Sus compañeros estaban murmurando acerca del nuevo empleado y él, en lugar de alejarse, se unió al chismorreo. Otra mancha. Desde nuestra perspectiva, esas son cosas pequeñas. Pero nuestra perspectiva no importa. La de Dios sí. Y lo que Dios ve es a un hombre cubierto de faltas.

A menos que algo ocurra, Danny será el hombre de la parábola, aquel que no estaba vestido con la ropa adecuada. La ropa de boda, como vimos, es la justicia de Cristo. Y si Danny enfrenta a Cristo vistiendo su propia decencia en lugar de la bondad de Cristo, tendrá que oír lo que el hombre de la parábola oyó. «No estás vestido para una boda ... Entonces el rey dirá a sus siervos, Atad a este hombre de pies y manos. Echadlo a las tinieblas, donde la gente llorará y hará crujir sus dientes de dolor» (Mt 22.12-13).

¿Qué pasa si Danny cambia sus ropas y acepta lo que dice Isaías que «todas nuestras justicias [son] como trapos de inmundicia»? (Is 64.6) Supongamos que va a Cristo y ora: «Señor sácame estos andrajos y vísteme con tu gracia» y que también confiesa la oración de este himno: «Cansado, ven a Él por descanso, desnudo, ven a Él por vestido».[1]

Si lo hace, mira lo que sucede. Jesús, en un acto visible solo a los ojos del cielo, quita la túnica manchada y la reemplaza con su túnica de justicia. Como resultado, Danny queda vestido en Cristo. Y, como resultado, Danny está vestido para la boda.

Para citar otro himno: «Vestido solo en su justicia, intachable de pie ante el trono».[2]

Dios hace solo una exigencia para entrar al cielo: que estemos vestidos en Cristo.

Escucha cómo Jesús describe a los habitantes del cielo: «Andarán conmigo en vestiduras blancas, porque son dignas. El que venciere será vestido de vestiduras blancas; y no borraré su nombre del libro de la vida, y confesaré su nombre delante de mi Padre, y delante de sus ángeles» (Ap 3.4-5).

Escucha la descripción de los ancianos: «Y alrededor del trono había veinticuatro tronos; y vi sentados en los tronos a veinticuatro ancianos, vestidos de ropas blancas, con coronas de oro en sus cabezas» (Ap 4.4).

¿Y cuál es la ropa de los ángeles? «Y los ejércitos celestiales, vestidos de lino finísimo, blanco y limpio, le seguían en caballos blancos» (Ap 19.14).

Todos están vestidos de blanco. Los santos. Los ancianos. Los ejércitos. ¿Y cómo crees que es el vestido de Jesús? ¿También blanco?

Posiblemente. De todas las personas, la más digna de usar una túnica sin mancha, es Jesús. Pero según la Biblia, no es así. «Entonces vi los cielos abiertos, y ante mí un caballo blanco. El que monta el caballo es llamado el Fiel y Verdadero, y es justo cuando juzga y pelea. Sus ojos son como llama de fuego, y sobre su cabeza hay muchas

1 David Danner, *Rock of Ages*.

2 Edward Mote, *The Solid Rock*.

coronas. Tiene un nombre escrito, el cual nadie sino Él conoce. Está vestido de una túnica teñida en sangre, y su nombre es el Verbo de Dios» (Ap. 19-11-13).

¿Por qué la túnica de Cristo no es blanca? ¿Por qué su capa no es sin mancha? ¿Por qué su ropa está teñida en sangre? Déjame contestarte recordando lo que Jesús hizo por ti y por mí. Pablo dice sencillamente: «Él tomó el lugar de nosotros» (Gl 3.13).

Él hizo más que cambiarnos de ropa; se puso nuestra ropa. Y en la cruz estaba vestido con nuestra ropa de pecado. Al morir, su sangre cubrió nuestros pecados. Y los limpió. Y gracias a esto, cuando Cristo venga, no tenemos que temer el ser rechazados en la puerta.

Hablando de ser rechazados en la puerta, no te he contado la parte final de la historia del Torneo de Maestros de Golf. No dudo que estarás muriéndote por saber si al fin pude entrar al salón de los trofeos. Créaslo o no, sí logré entrar.

El día antes de la competencia, los golfistas juegan un partido de exhibición. Es costumbre que den la tarde libre a sus *caddies* e inviten a algún familiar o amigo para que ocupen su lugar. Bueno, Scott me invitó a mí para que fuera su ayudante. «Por supuesto», me dijo: «tendrás que usar el overol blanco».

Yo, encantado.

Esa tarde, cuando la exhibición hubo concluido, me dirigí al edificio del club. Me enfrenté a la misma puerta y al guarda que no me había dejado entrar, y pasé tranquilo hasta el lugar sagrado de los golfistas. ¿Por qué ahora sí y antes no? Un día había sido rechazado y al siguiente, era bienvenido. ¿Por qué ese cambio?

Simplemente porque ahora estaba vestido con la ropa correcta.

Capítulo 7

¡MIRA QUIÉN ESTÁ ENTRE LOS VENCEDORES!

Un día de premios

Bienaventurado aquel siervo al cual, cuando su señor venga, le halle haciendo así.

Mateo 24.46

Domingo 27 de septiembre de 1998. Aun cuando los Cardenales de St. Louis no tienen ninguna posibilidad de llegar a la final del béisbol de las Grandes Ligas, el estadio está repleto. Se había llenado tres semanas antes, cuando con un disparo de 430 pies que salió como bala fuera del estadio, Mark McGwire empató la marca de jonrones que tenía Roger Maris. Se llenó al día siguiente cuando 46.100 fanáticos, así como la mitad de la raza humana, lo vio romper el récord con un tiro pegado a la línea sobre la valla izquierda del campo.

Y está abarrotado hoy. Desde el viernes, McGwire no ha pegado ni uno ni dos jonrones, sino tres. Desde hacía treinta y siete años nadie había podido lograr más de sesenta y un jonrones en una temporada; ahora, el bateador de St. Louis había logrado sesenta y ocho. Y todavía había más. El número sesenta y nueve fue a dar a las tribunas del costado izquierdo del estadio. Se requiere de dos llamadas para que la multitud haga silencio. El jonrón número setenta llega en la séptima entrada. La multitud está de pie antes que se produzca el batazo; y sigue de pie después que McGwire ha corrido conquistando los platos.

Todos irrumpen de alegría por el jonrón. Todos aplauden el nuevo récord. Aplauden al espectador que cogió la bola. Aplauden la temporada. Aplauden a todo.

Estoy exagerando un poco, pero realmente creo que ellos, y nosotros, aplaudimos a cualquiera cosa. Y aplaudíamos porque él hizo lo que a nosotros nos hubiera gustado hacer. ¿No soñaste alguna vez con estar donde estaba McGwire? Piensa un poco. Pon en reversa la máquina de los recuerdos. ¿No fuiste tú el muchacho idealista que soñabas con dar un batazo espectacular? ¿O ganar el premio Pulitzer? ¿O cantar en Broadway? ¿O comandar una flotilla? ¿O recibir el premio Nobel de la Paz? ¿U obtener el Oscar?

¿No hubo un tiempo cuando te paraste en medio del campo con un bate en el hombro y tus ojos refulgiendo como estrellas? Solo unos pocos años y la liga infantil llegaría a las mayores y entonces, ¡cuidado Babe, y Mickey y Roger, que aquí vengo yo!

Pero en la mayoría de nosotros aquello no pasó de ser un sueño que nunca se hizo realidad. Los bates se cambiaron por calculadoras, o estetoscopios o computadoras. Y, solo con un poco de nostalgia, nos dimos a la tarea de organizar nuestra vida. Entendemos. No todos pueden ser un Mark McGwire.

Por cada un millón de aspirantes, solo uno lo logra. La gran mayoría de nosotros jamás le pegamos a una bola, ni sentimos los aplausos, ni recibimos la medalla de oro ni pronunciamos el discurso de despedida.

Y eso no tiene nada de malo. Entendemos que en la economía de la tierra hay un número limitado de coronas.

La economía del cielo, sin embargo, es refrescantemente diferente. Las recompensas celestiales no están limitadas a unos pocos escogidos, sino «a todos los que aman su venida» (2 Ti 4.8). La palabra de cinco letras *todos* es un diamante. El círculo de los ganadores no está reservado a un puñado de ciudadanos de élite sino a un cielo repleto de hijos de Dios que «recibirán la corona de vida que Dios ha prometido a todos los que le aman» (Stg 1.12).

Promesa similar oímos de la boca de Jesús: Los salvados de Cristo recibirán su recompensa. «Cuando el señor venga y halle a su siervo haciendo su trabajo, el siervo será bienaventurado» (Mt 24.46).

La promesa encuentra eco en las epístolas. «El Señor recompensará a cada uno por las cosas buenas que haya hecho, sea esclavo o libre» (Ef 6.8).

Y en las bienaventuranzas: «Regocijaos y gozaos, porque grande es vuestro galardón en el cielo» (Mt 5.12).

Para todo lo que no sabemos sobre la vida más allá, esto es suficiente. El día en que Cristo venga será un día de recompensa. Los que eran desconocidos en la tierra, serán conocidos en el cielo. Los que jamás oyeron los aplausos de los hombres, oirán los aplausos de los ángeles. Los que no tuvieron la bendición de un padre, oirán la bendición de su Padre celestial. Lo pequeño será grande. Lo olvidado será recordado. Lo pasado por alto será honrado y la fidelidad será reconocida. Lo que McGwire oyó bajo el Arco de St. Louis será nada comparado con lo que tú oirás en la presencia de Dios. McGwire recibió un Corvette. Tú recibirás una corona, y no solo una, sino tres. ¿Te gustaría echarles un vistazo?

La corona de vida. «Bienaventurado el varón que soporta la tentación; porque cuando haya resistido la prueba, recibirá la corona de vida, que Dios ha prometido a los que le aman» (Stg 1.12).

Para ayudarte a apreciar la eternidad, piensa en esto: El cielo será maravilloso no solo por lo que hay allí, sino por lo que no hay. ¿Que lo repita? Con mucho gusto. *El cielo será maravilloso no solo por lo que hay allí, sino por lo que no hay*.

Así como el apóstol Juan tomó nota de lo que vio en el cielo, fue cuidadoso en mencionar lo que no vio. ¿Recuerdas su famosa lista de «no más»? Dios «enjugará toda lágrima de sus ojos, y no habrá más muerte, ni tristeza, ni llanto, ni dolor, porque todas estas cosas viejas habrán pasado» (Ap 21.4).

¿Captaste el primer «no más»? *No habrá más muerte*. ¿Te imaginas un mundo sin muerte, solo vida? Si puedes, entonces puedes imaginarte el cielo. Porque los ciudadanos del cielo usan la corona de vida.

¿Qué has hecho hoy para evitar la muerte? Seguramente muchas cosas. Tomado tu medicina, controlado la comida, evitado los dulces y mantenido el ojo sobre el nivel de colesterol. ¿Por qué? ¿Por qué el esfuerzo? Porque te interesa estar vivo. Sin embargo, en el cielo no existe esta preocupación.

En realidad, allí no vas a tener ninguna preocupación. Muchas mamás están preocupadas de que sus niños se vayan a causar algún daño. De eso no te tendrás que preocupar en el cielo. En el cielo no sentiremos dolor. Algunos no quieren ponerse viejos. En el cielo esto no será problema. Todos seremos perpetuamente fuertes. Cuando viajas en avión temes que se vayan a estrellar. En el cielo no habrá nada de esto. Que yo sepa, en el cielo no hay aviones; y si los hay, no se estrellan, y si se estrellan, nadie muere; así es que no hay de qué preocuparse.

El verano pasado me golpeé la espalda. Nada serio, pero suficiente como para no dejarme dormir. Necesitaba superar ese problema así es que empecé un régimen de ejercicios que, a mi parecer, era bastante estricto. En poco tiempo los músculos de la espalda se fortalecieron, bajé de peso y me sentí bastante fuerte. Estaba empezando a recibir llamadas de equipos profesionales de fútbol, revistas sobre levantamiento de pesas y agencias de modelaje cuando estuve a punto de perderlo todo. Una señora irrespetó una luz roja y casi choca conmigo. Logramos evitar la colisión, pero estuvo cerca. Mi físico escultural estuvo en peligro de quedar bastante maltrecho. Mientras me alejaba del lugar, este pensamiento empezó a dar vueltas en mi cabeza: *¿Eso es mi recompensa por todos los ejercicios? Quiero decir, correr, comer correctamente, levantar pesas y, sin que mediara acción de mi parte, pude haberlo perdido todo en un segundo.*

¿No es esa la forma en que se va la vida? Somos criaturas frágiles. Por supuesto, mi experiencia es pequeña comparada con la pérdida de otros. Piensa en la madre que da a luz solo para saber que su hijo ha nacido muerto. O en el hombre que trabaja duro para retirarse, solo para descubrir que un cáncer no le permitirá disfrutar del retiro. O del atleta de secundaria que entrena durísimo solo para terminar lesionado. No estamos hechos de acero sino de polvo. Y esta vida no termina con vida sino con muerte.

La próxima vida, sin embargo, es diferente. Jesús les dijo a los cristianos de Smirna: «Sé fiel hasta la muerte, y yo te daré la corona de la vida» (Ap 2.10).

Déjame referirme a otra corona que vamos a recibir en el cielo.

La corona de justicia. «He peleado la buena batalla, he acabado la carrera, he guardado la fe. Por lo demás, me está guardada la corona de justicia, la cual me dará el Señor, juez justo, en aquel día; y no solo a mí, sino también a todos los que aman su venida» (2 Ti 4.7-8).

La palabra *justicia* se define a sí misma. Quiere decir, sencillamente, estar en una correcta relación con Dios. El apóstol Pablo mira hacia adelante al día cuando sea coronado en justicia. Ahora bien, el estudiante cuidadoso de la Biblia puede plantear aquí una pregunta. ¿Ya no somos justos? ¿No dijo usted en un capítulo anterior que cuando llegamos a ser cristianos somos vestidos en justicia? Sí, lo dije.

¿Entonces por qué también vamos a recibir una corona de justicia? ¿Qué ocurre en el cielo que no haya ocurrido en la tierra? Es una buena pregunta que puede contestarse usando una analogía favorita del apóstol Pablo, la analogía de la adopción.

Cuando vivíamos en Brasil, conocimos a varias familias estadounidenses que fueron allá a adoptar niños. Pasaban días y a veces semanas inmersos en un idioma diferente y una cultura que les era extraña. Hacían todo lo que se les decía que hicieran, incluyendo el pago de cuantiosas sumas con la esperanza de regresar a los Estados Unidos con un niño.

En algunos casos la adopción se completaba antes que el niño naciera. Por razones financieras, la pareja a menudo tenía que regresar a los Estados Unidos y esperar allí que tuviera lugar el alumbramiento. Piensa en la posición de estas personas: Habían firmado los papeles, había entregado el dinero, pero el niño aun no había nacido. Regresarían al Brasil una vez que el bebé hubiera nacido para reclamarlo como suyo.

¿No ha hecho Dios lo mismo con nosotros? Entró en nuestra cultura, doblegó la resistencia y pagó un precio inconmensurablemente alto requerido para la adopción. Legalmente somos suyos. Tenemos todos los derechos legales de un hijo. Solo esperamos por su retorno. Estamos, como dice Pablo: «Esperando que Dios termine de hacernos sus hijos» (Ro 8.23)

Actualmente estamos en una relación correcta; estamos vestidos con Cristo. Pero cuando Jesús venga, la relación será «correctísima» (reconozco que esta quizás no es la palabra adecuada). Nuestra vestimenta se completará. Seremos coronados con justicia. Estaremos correctamente relacionados con Dios.

Piensa en lo que esto significa. ¿Qué impide que las personas estén correctamente relacionadas con Dios? El pecado. Y si el cielo promete una perfecta relación con Dios, ¿qué no hay en el cielo? Exactamente. Pecado. El cielo está libre de pecado. Tanto la muerte como el pecado serán cosas del pasado.

¿Tiene importancia esto? Yo creo que sí. Antes tratamos de imaginarnos un mundo sin muerte; hagamos ahora lo mismo pero sin pecado. ¿Puedes imaginarte un mundo sin pecado? ¿Has hecho algo recientemente motivado por el pecado?

A lo menos te habrás quejado. O te habrás preocupado. O habrás refunfuñado. O quizás has acumulado cuando debiste compartir. Te has alejado cuando debiste ayudar. Lo «has pensado mejor y has decidido que mejor no». Pero tú no harás eso en el cielo.

Debido al pecado, has explotado con alguien a quien amas y has discutido con alguien a quien acaricias.

Te has sentido avergonzado, culpable, amargado. Tienes úlceras, insomnio, días oscuros y un dolor en el cuello. Pero nada de eso tendrás en el cielo.

Debido al pecado, el joven es víctima de abusos y el viejo es olvidado. Por el pecado, se maldice a Dios y se adoran las drogas. Por el pecado, el pobre tiene cada vez menos y el rico quiere cada vez más. Por el pecado, los bebés no tienen papás y las mamás no tienen esposos. Pero en el cielo, el pecado no tendrá ningún poder; de hecho, el pecado no existirá en el cielo. Allí no habrá pecado.

El pecado ha engendrado miles de congojas y ha roto millones de promesas. Tu adicción puede seguirse en el pasado hasta llegar al punto inicial que no es otro que el pecado. Tu desconfianza puede seguirse en el pasado hasta llegar al punto inicial que no es otro que el pecado. La intolerancia, el robo, el adulterio, todo es provocado por el pecado. Pero en el cielo todo esto no existirá.

¿Puedes imaginarte un mundo sin pecado? Si puedes, entonces puedes imaginarte el cielo.

Permíteme hacer más práctica esta promesa. Hace algún tiempo, un amigo me hizo una pregunta sobre la eternidad. Tenía que ver con su ex esposa. Ahora ella es cristiana y él es cristiano. Pero las cosas siguen bastante tirantes entre ellos. Se preguntaba cómo se sentiría al verla en el cielo.

Le dije que se sentiría fabuloso. Le dije que verla lo emocionaría. ¿Por qué? Preguntémonos qué es lo que causa las tensiones entre la gente. En una palabra, el *pecado*. Si no hay pecado, no hay tensión. Cero tensión. Ningún tipo de tensión entre ex y ex, entre blanco y negro, entre abusado y abusador, e incluso entre víctimas de homicidio y homicida arrepentido.

Se hará realidad la hermosa profecía de Isaías 11: «Entonces el lobo vivirá en paz con el cordero, el leopardo se echará junto al cabrito. El becerro, el león y el ternero comerán juntos, y un niño los pastoreará» (Is 11.6).

Casi un milenio más tarde, Juan hace una promesa similar. El cielo será grande, dice, no solo por lo que habrá allí, sino por lo que no habrá. Dios «enjugará toda lágrima de sus ojos, y no habrá más muerte, tristeza, llanto ni dolor, porque todas las cosas viejas pasaron» (Ap 21.4).

La lista de Juan podría seguir hasta el infinito. Como en el cielo no habrá pecado ni muerte, tampoco habrá ________________. Pon en el espacio en blanco lo que desees añadir a la lista de Juan. No más aspirinas. Quimioterapia. Sillas de ruedas. Divorcio. Cárceles o corazones rotos. Miembros paralizados o automóviles volcados.

Recibir la corona de la vida significa no más muerte. Recibir la corona de justicia significa no más pecado. Y recibir la corona de gloria significa no más derrota.

Veamos esta última corona.

La corona de gloria. «Y cuando aparezca el Príncipe de los pastores, vosotros recibiréis la corona incorruptible de gloria» (1 P 5.4).

Cuando estaba en la secundaria, Mark McGwire estuvo a punto de perderse como el gran beisbolista que llegó a ser. Quería ser golfista. Pero no lo fue. Algo lo desanimó. Cuando ya estaba de lleno en la carrera de beisbolista, casi abandona de nuevo. Ni su matrimonio ni la temporada tuvieron nada que ver. Sencillamente le comunicó a su esposa que iba a dejar todo, pero algo se lo volvió a impedir. Luego vinieron las lesiones en los pies. Desde 1992 a 1995 tuvo que soportar múltiples cirugías lo que le hizo perder dos tercios de los juegos. Les dijo a sus padres que abandonaría. Pero algo lo hizo seguir adelante.

¿Qué fue ese algo? Un sueño. En alguna parte se hizo la idea de que habría de lograrlo. Y mucho antes de ello, su nombre empezó a mencionarse junto a los de Ruth y Maris, mucho antes lo apodaron el bateador de St. Louis o Big Mac, mucho antes los fanáticos creyeron que él podría y él mismo pensó que podría. Soñaba con romper el récord. Puso sus ojos en el precio y no desmayó.

¿Podría concluir con una palabra especial para un grupo muy especial? Muchos de ustedes jamás han ganado un premio. O quizás fuiste decurión en tu tropa de Boy Scouts o estuviste a cargo de las sodas en la fiesta de Navidad de la escuela, pero de ahí no pasaste. Nunca ganaste mucho, en cambio observas a los Mark McGwires de este mundo llevándose a casa todos los trofeos. Lo tuyo no pasó de ser «casi» y «qué lindo habría sido que...»

Si tal ha sido tu caso, entonces apreciarás esta promesa: «Y cuando aparezca el Príncipe de los pastores, vosotros recibiréis la corona incorruptible de gloria» (1 P 5.4).

Pronto el día llegará. Lo que el mundo ha pasado por alto, tu Padre te lo ha recordado, y más pronto de lo que te imaginas, te bendecirá. Mira lo que dice Pablo sobre esto: «Cada uno recibirá su alabanza de Dios» (1 Co 4.5).

¡Qué frase increíble! *Cada uno recibirá su alabanza de Dios*. No «el mejor de nosotros», ni «unos pocos de nosotros», ni «los que lo logren entre nosotros», sino que «cada uno recibirá su alabanza de Dios».

Tú no vas a querer perderte esto. Dios hará que tal cosa no ocurra. De hecho, Dios mismo será quien dé la alabanza. Cuando se trata de dar reconocimiento, Dios no delega ese trabajo. No será Miguel quien ponga las coronas, ni será Gabriel quien hable en nombre del trono. Dios mismo será quien ofrezca los honores. Dios mismo ensalzará a sus hijos.

¡Y lo más extraordinario es que la alabanza es personal! Pablo dice: «Cada uno recibirá su alabanza de Dios» (1 Co 4.5). Las recompensas no se darán a una nación entera de una vez, a una iglesia entera de una vez, ni a una generación entera de una vez. Las coronas se darán una a la vez. Dios mismo te mirará a los ojos y te bendecirá con estas palabras: «Bien, buen siervo y fiel; sobre poco has sido fiel, sobre mucho te pondré; entra en el gozo de tu señor» (Mt 25.23).

Con eso en mente, permíteme animarte a que te mantengas firme. No cedas. No mires hacia atrás. Deja que Jesús hable a tu corazón y diga: «He aquí yo vengo pronto; retén lo que tienes, para que ninguno tome tu corona» (Ap 3.11).

Capítulo 8

Lo harás de nuevo

Un día de agradables sorpresas

Ustedes son nuestra esperanza y gozo, y la corona de la que nos sentiremos orgullosos cuando el Señor Jesucristo venga.
1 Tesalonicenses 2.19

Oskar Schindler tenía su fama. Era mujeriego y bebedor. Sobornaba a los oficiales del ejército y era miembro del Partido Nazi. Sin embargo, enterrado en la oscuridad de su corazón había un diamante de compasión por los judíos condenados de Krakow, Polonia.

Mientras Hitler trataba de matar, Schindler trataba de salvar. Sabía que no podría salvarlos a todos, pero sí a algunos, y así lo hizo. Lo que comenzó como una fábrica lucrativa se transformó en un refugio para mil cien afortunados cuyos nombres llegaron a estar en su lista, la lista de Schindler.

Si viste la película de ese mismo nombre, seguramente recordarás cómo termina la historia. Con la derrota de los nazis vino el cambio de papeles. Ahora Schindler sería el perseguido y los prisioneros serían libres. Oskar Schindler se prepara para deslizarse en la noche. Mientras camina hacia su automóvil, los trabajadores de su fábrica forman una fila a ambos lados del camino. Han venido a agradecer al hombre que les ha salvado la vida. Uno de los judíos le presenta una carta firmada por cada uno de ellos, documentando su proeza. Le dan también un anillo hecho del oro extraído de un diente de uno de los trabajadores. En el anillo han grabado un versículo del Talmud: «Quien salva una sola vida, salva al mundo entero».

En ese momento, en el aire fresco de la noche polaca, Schindler es rodeado por los liberados. Filas de rostros. Esposos con sus esposas. Padres con sus hijos. Todos saben lo que Schindler hizo por ellos. Nunca lo olvidarán.

¿Qué pensamientos habrán corrido por la mente de Schindler en ese momento? ¿Qué emociones afloran cuando una persona se encuentra cara a cara con personas cuyas vidas ayudó a cambiar?

Algún día se sabrá. Schindler veía los rostros de los liberados; tú también los verás. Schindler oía las palabras de gratitud de los redimidos; tú oirás lo mismo. Él estaba en medio de una comunidad de almas rescatadas; lo mismo está reservado para ti.

¿Cuándo ocurrirá esto? Ocurrirá cuando Cristo venga. La promesa de 1 Tesalonicenses 2.19 no está limitada al apóstol Pablo. Me explico. «Vosotros sois nuestra esperanza, nuestro gozo, y la corona de la cual nos sentiremos orgullosos cuando el Señor Jesucristo venga» (1 Ts 2.19).

Han transcurrido unos seis meses desde que Pablo dejó Tesalónica. Él, Timoteo y Silas pasaron tres productivas semanas en la ciudad. El resultado de su permanencia allí fue un núcleo de creyentes. Lucas ofrece en una frase el perfil de la iglesia cuando escribe: «Algunos de ellos [los judíos] se convencieron y se unieron a Pablo y Silas, junto con muchos de los griegos que adoraban a Dios y muchas de las mujeres importantes» (Hch 17.4).

Es un grupo ecléctico el que asiste a los servicios de la primitiva iglesia: Algunos son judíos, algunos son griegos, algunos son mujeres de influencia, pero todos están convencidos que Jesús es el Mesías. Y en poco tiempo, todos pagan un precio por su fe. Literalmente. Los nuevos creyentes son llevados a la presencia de los líderes de la ciudad y forzados a pagar una fianza para que los dejen libres. Esa noche ayudan a Pablo, a Timoteo y a Silas a huir de la ciudad.

Pablo tiene que salir, pero parte de su corazón sigue en Tesalónica. La pequeña iglesia es tan joven, tan frágil, pero tan especial. Con solo pensar en ellos se siente orgulloso. Anhela verlos de nuevo. «Damos siempre gracias a Dios por todos vosotros, haciendo memoria de vosotros en nuestras oraciones» (1 Ts 1.2). Sueña con el día cuando pueda verlos de nuevo y, aun más, sueña con el día en que puedan ver a Cristo juntos.

Nota lo que les dice: «Vosotros sois nuestra esperanza, nuestro gozo y la corona de la cual nos sentiremos orgullosos cuando el Señor Jesucristo venga» (1 Ts 2.19). El versículo evoca una imagen parecida a la de Schindler y los sobrevivientes. Un encuentro entre los liberados y el que los condujo a la libertad. Un momento en el cual los salvados pueden reunirse con el que los guió a la salvación.

En este caso Pablo se reunirá con los tesalonicenses. Escudriñará ese mar de rostros en busca de los de sus amigos. Ellos lo encontrarán a él y él los encontrará a ellos. Y, en la presencia de Cristo, disfrutarán de una reunión eterna.

Trata de imaginarte haciendo lo mismo. Piensa en el día cuando Cristo venga. Tú estás en el gran círculo de los redimidos. Tu cuerpo ha sido hecho nuevo. No más dolor ni problemas. Tu mente ha sido hecha nueva. Lo que una vez entendiste en parte, ahora lo entiendes claramente. No sientes miedo, peligro, ni pena. Aunque tú eres uno en medio de una muchedumbre, es como si Jesús y tú estuvieran solos.

Y Él te hace esta pregunta. Ahora estoy imaginando, pero me pregunto si Jesús no podría realmente decirte estas palabras: «Me siento tan orgulloso que me hayas permitido usarte. Por ti, otros están aquí hoy. ¿Quieres conocerlos?»

Es probable que te sorprenda una declaración así. Que el apóstol Pablo escuche estas palabras no sería nada de extraño. Él fue un apóstol. Que se las digan a un misionero lejos de su tierra o a un famoso evangelista se entendería, ¿pero a ti?

La mayoría de nosotros no sabemos hasta dónde influimos en las vidas de otros (lo cual es bueno, porque de haberlo sabido, a lo mejor nos habríamos vuelto arrogantes). La mayoría de nosotros quizás nos sintamos impulsados a preguntar, con las palabras de Mateo 25.37: «Maestro, ¿de qué estás hablando?»

En este punto quizás Jesús -de nuevo estoy suponiendo- se vuelva a la multitud y con su mano sobre tu hombro, les diga: «¿Hay alguien aquí que haya recibido alguna influencia de este hijo mío?» Y uno por uno, empiezan a pasar al frente.

El primero es tu vecino, un viejo rudo que vivía al lado de tu casa. Para ser sincero, no esperabas volverlo a ver. «Usted nunca se enteró que yo lo observaba», explica. «Pero lo hacía. Y por usted, yo estoy aquí».

Y luego viene un puñado de personas, una media docena o algo así. Uno habla por todos y dice: «Usted se encargaba de los devocionales de los jóvenes cuando nosotros éramos unos muchachitos. No abría mucho la boca, pero sí abría su casa para nosotros. Aceptamos a Cristo en su sala de estar».

La línea continúa. Un compañero de trabajo dice de la forma en que controlabas tu genio. Un recepcionista recuerda la atención con que lo saludabas cada mañana.

Alguien a quien ni siquiera recuerdas menciona las veces que lo visitaste en el hospital. Ibas a ver a un amigo en la cama de al lado, pero al salir te detenías junto a esta persona que se veía tan sola y le decías alguna palabra de esperanza.

Pero lo que más te asombra es que haya personas de otros países. Porque nunca viajaste a Asia, o a África, o a América Latina, pero mira. Camboyanos, nigerianos, colombianos. ¿Cómo pudiste haber sido una influencia para ellos? Jesús te recuerda de los misioneros que se cruzaron en tu vida. Tus amigos decían que eras demasiado bueno con ellos. Siempre les dabas dinero. «Yo no puedo ir, pero puedo ayudar a que vayan», decías. Ahora entiendes. No era que fueras demasiado generoso, sino que el Espíritu Santo te hacía ser así. Y porque fuiste obediente al Espíritu, Utan de Cambodia quiere darte las gracias. Y Kinsley de Nigeria y María de Colombia.

Y sin darte cuenta, tú y tu Salvador se encuentran rodeados por una maravillosa colección de almas a las que tú influiste. A algunos conoces, a la mayoría no, pero por cada uno sientes lo mismo. Sientes lo que Pablo sentía por los tesalonicenses: orgullo. Entiendes lo que él quiso expresar cuando dijo: «Vosotros sois nuestra esperanza, nuestro gozo y la corona de la que nos enorgulleceremos cuando nuestro Señor Jesucristo venga» (1 Ts 2.19).

No un orgullo altanero del tipo mira-lo-que-fui-capaz-de-hacer, sino un gozo sobrecogedor que dice: «Me siento tan orgulloso de tu fe».

Pero Jesús no ha terminado todavía. A Él le gusta dejar lo mejor para lo último y pienso que lo mismo hará en el cielo. Has visto a tus vecinos, a tus compañeros de trabajo, a personas a quienes apenas conociste, a extranjeros a quienes jamás viste, pero hay todavía otro grupo. Y Jesús separa a la multitud para que puedas verlos.

Tu familia.

Tu esposa es la primera en abrazarte. Hubo tiempos cuando parecía que todo terminaría en fracaso, pero ahora, oyes que te dicen al oído: «Gracias porque tuviste paciencia conmigo».

Luego están tus padres. Ya no son los viejos débiles que viste la última vez, sino que ahora lucen robustos y renovados. «Estamos orgullosos de ti», te dicen. Los siguientes son tus hijos. Esos niños a los que cuidaste con tanto cariño y por quienes oraste tanto. Te dan las gracias, una y otra vez. Ellos saben lo duro que fue y cuánta atención les dedicaste, y te lo agradecen.

Y luego algunos rostros que no reconoces. Debieron de habértelo dicho. Son tus nietos y bisnietos y demás descendientes que nunca habías visto, hasta ahora. Ellos, como los demás, te agradecen por el legado de fe que les dejaste.

Te dan las gracias.

¿Ocurrirá tal cosa? No lo sé. Si ocurre, puedes estar seguro, primero, que la grandeza y gloria de ese momento superará toda descripción que estas palabras pudieran transmitir. «Cosas que no se han imaginado son las que Dios ha preparado para aquellos que lo aman» (1 Co 2.9). Y segundo, si un momento de reunión así ocurriese, puedes estar seguro que no vas a lamentar cualquier sacrificio que hayas hecho por el reino. ¿Las horas de servicio a Cristo? No te vas a quejar. ¿El dinero que diste? Darías mil veces más. ¿El tiempo que dedicaste a ayudar a los pobres y amar a los perdidos? Lo volverías a hacer.

Oskar Schindler lo haría. Al principio nos preguntábamos sobre los pensamientos finales de Schindler. Nos preguntábamos cómo se sentiría rodeado por las personas a las que había librado de la muerte. La última vez que aparece en la película nos deja una buena idea. Allí, en la presencia de los sobrevivientes, guarda la carta en su abrigo. Acepta el anillo, y mira a la gente cara a cara. Por primera vez, se ve emocionado. Se inclina hacia Isaac Stern, el mayordomo de la fábrica y le dice en un susurro tan bajo, que Stern le pide que repita lo que le ha dicho. Él lo hace. «Pude haber hecho más», dice, indicando hacia un vehículo que pudo haber vendido. «Aquello habría podido liberar a diez prisioneros». Ese broche de oro en su solapa habría servido para sobornar a un soldado y liberar a dos más. En ese momento, la vida de Schindler se reduce a un solo valor. ¿Ganancia? ¡No importa! ¿La fábrica? ¡No importa! Todas las lágrimas y la tragedia de tal pesadilla se reducen a una sola verdad: Personas. Solo eso cuenta: personas.

Te sugiero que sientas lo mismo. Oh, no te vas a lamentar. El cielo no sabe de lamentos. Nuestro Dios es tan bueno que nos permite enfrentar las oportunidades que perdimos. Pero Él se siente feliz al permitirnos ver a aquellos que de alguna manera nos pertenecen. En ese momento, cuando ves a las personas que Dios te permitió amar, me atrevo a decir, todo ocurrirá en el lapso de un latido del corazón.

Volverás a cambiar los pañales, reparar los autos, preparar las lecciones, hacer arreglos en el techo. Una mirada en los rostros de los seres amados, todo lo volverás a hacer.

En el lapso de un latido del corazón... un latido celestial.

Capítulo 9

El último día del mal

Un día de ajuste de cuentas

Y el diablo que los engañaba [al pueblo de Dios] fue lanzado en el lago de fuego y azufre, donde estaban la bestia y el falso profeta; y serán atormentados día y noche por los siglos de los siglos.

Apocalipsis 20.10

El punto más alto de mi carrera teatral llegó cuando tenía nueve años. Yo era un orgulloso miembro del Coro de Niños Odessa, una colección de treinta preadolescentes de West Texas cuya tarea principal era cantar en los almuerzos de las damas y en las reuniones del Club de Leones. Nuestro uniforme era siempre suéter verde y saco negro y marchábamos hacia la plataforma cantando: «¡Hey, mírame!» Lawrence Welk se habría sentido orgulloso.

Nuestra gran oportunidad llegó cuando estábamos en segundo año en el coro. El departamento de drama de un colegio local dijo que necesitaba algunos actores de la edad nuestra para su producción de *El Mago de Oz*. ¿Les interesaría? *Interesarnos* no era la palabra correcta. Estábamos emocionados. ¡Adiós Damas Auxiliares de los miércoles! ¡Hola, Broadway! ¡Henos aquí!

Pero nunca pusimos la planta de nuestro pie en el escenario sino hasta el ensayo final. Habíamos venido ensayando en diferentes lugares y horarios. Los del coro de niños aprendimos nuestro papel aparte de los demás actores. Nunca vimos a Dorothy. Nunca oímos de Scarecrow y, por supuesto, nunca supimos nada del Mago.

Para mí eso significaba mucho porque yo no estaba familiarizado con la trama. Se suponía que todos conocían la historia del *Yellow Brick Road*. Todos, menos yo. En aquella época, *El Mago de Oz* lo daban por televisión una vez al año, siempre un domingo por la noche. Mis amigos, mis compañeros de la escuela, en realidad todo el que podía quedarse en casa y ver *El Mago de Oz* lo veía. ¿Y yo? Yo no, señor. Todos menos yo. Yo tenía que estar en el culto el domingo por la noche oyendo a ese estúpido predicador. (Oh, perdón. Parece que algo queda todavía de mi furia infantil.)

Es suficiente decir que aunque yo había oído de *El Mago de Oz* nunca lo había visto. No conocía la historia. En el ensayo final me di cuenta que estaba peligrosamente desinformado. Como habíamos practicado separados del reparto, pensé que nosotros (el Coro de Niños de Odessa) éramos el reparto. Escuché al director hablar de actores de apoyo, pero asumí que ellos eran de segunda categoría y nosotros de primera. En otras palabras, la ciudad de Odessa, en Texas, se volcaría para ver a sus actores. Y no a *los* actores, en general, sino a *mí*, el actor, en particular.

Estoy tratando de encontrar la forma de contar esto humildemente, y no es fácil. Yo era un enano especial. Era parte de la «Hermandad Lullaby». Los conocedores de las películas de categoría recuerdan que dentro del coro grande de los enanos hay dos coros más pequeños. Los de la «Hermandad Lollipop» y los de la «Hermandad Lullaby». Con gran talento nosotros, los otros tres enanos y yo, nos adelantábamos en el momento preciso, presentábamos un regalo a la campesina de Kansas y cantábamos: «En nombre de la Hermandad Lullaby, te damos la bienvenida a la tierra de los enanos».

Antes del ensayo final, nuestra práctica nunca había pasado de ahí. En consecuencia, yo no sabía más que eso. Suponía que mi actuación terminaba con la entrega del regalo. Muchas noches las pasé despierto imaginándome a Dorothy desmayándose a mis pies y a la multitud aclamando a Max el enano. Los agentes empezarían a llamar, Hollywood me haría guiños, Broadway me rogaría. Comenzaba mi carrera.

Imagínate, entonces, mi disgusto cuando supe la verdad. Por fin, estuvimos en el verdadero escenario con el verdadero reparto. Cantamos nuestra canción de la Hermandad Lullaby pero en lugar de cerrarse las cortinas como esperaba que ocurriera, el director nos pasó la mano por la cabeza y nos apuró para que saliéramos. «Lindo trabajo, enanitos simpáticos» fue todo lo que dijo. Quedé atontado. «¿Quería decir que había más que mi participación?» Lo había, y yo estaba a punto de verlo.

Emergiendo de una nube se oyó la risotada de una bruja perversa. Corrió por el escenario de derecha a izquierda y de izquierda a derecha. Su capa volaba mientras blandía su vara. Yo, de herido en mi orgullo pasé a horrorizado. El espanto mismo estaba sobre el escenario. No tenían que decirme que me asustara. ¿Quién había hablado jamás de una bruja? ¡Yo no sabía nada!

Lo habría sabido, sin embargo, si hubiera conocido la historia.

Entre paréntesis, nosotros podemos cometer el mismo error en la vida que yo cometí en el escenario. Si no estamos enterados del final del guión es posible que el miedo haga presa de nosotros cuando nos corresponda actuar. Por eso es importante reflexionar sobre el último acto».

La presencia de Satanás es una razón para que algunas personas teman el retorno de Cristo. Es comprensible. Términos como «Armagedón», «lago de fuego» y la «bestia escarlata» son suficientes como para intranquilizar el corazón más recio. Y ciertamente quienes no conocen a Dios tienen razón para estar ansiosos. ¿Pero los que están vestidos en Cristo? No. Estos solo necesitan leer, al final del guión, la referencia al diablo. «Satanás, quien los engañaba [al pueblo de Dios], fue lanzado en el lago de fuego y azufre; donde estaban la bestia y el falso profeta; y serán atormentados día y noche por los siglos de los siglos» (Ap 20.10).

Dios no ha mantenido el final en secreto. Quiere que veamos el cuadro completo. Que sepamos que el vencedor es Él. Y que estemos seguros que el mal con el que nos encontramos en el escenario de la vida no es tan poderoso como parece.

Hay muchos pasajes que nos enseñan estas verdades, pero mi favorito es un par de versículos registrados por Lucas. Jesús lo dice la noche antes de su muerte. Está en el aposento alto con sus seguidores. No pueden creer la profecía según la cual uno de ellos habría de traicionar a su Maestro. Su autojustificación los lleva a argumentar y la argumentación lleva a Jesús a exhortarlos al servicio.

Luego, en un brusco cambio, Jesús se vuelve a Simón Pedro y le dice estas sorprendentes palabras: «Simón, Simón, he aquí Satanás os ha pedido para zarandearos como a trigo; pero yo he rogado por ti, que tu fe no falte; y tú, una vez vuelto, confirma a tus hermanos» (Lc 23.31-33).

Este pasaje nos permite vislumbrar algo de un mundo invisible. Surgen varias preguntas, pero al mismo tiempo provee muchas afirmaciones, la principal de las cuales es la cadena de mando. Dios está claramente en control, y tiene al diablo con las riendas cortas. ¿Te fijaste en el verbo que sigue al nombre de Satanás? *Pedir*. «Satanás os ha pedido...»

El diablo no exige, resuelve o decide. Pide. Así como pidió permiso para tentar a Job, pide permiso para tentar a Simón Pedro. Bastante diferente a la imagen que teníamos de la vieja serpiente del Huerto de Edén, ¿no te parece? En lugar del poderoso Malo, una mejor caricatura sería un rufián flaco, desgarbado y disminuido que pretende ser rudo pero que sale huyendo cuando Dios lo aprieta. «Oh, oh... este... bueno... me gustaría... este... complicarle un poco la vida a Pedro; por supuesto, si tú me lo permites». La cadena de mando es clara. Satanás no hace nada que Dios no lo sepa, y Dios usa a Satanás para llevar adelante la causa de su reino.[1]

¿Por qué no le preguntamos a alguien que sepa?

[1] En *The Great House of God* [La gran casa de Dios] escribí más extensamente sobre esto. Para un tratamiento más a fondo de esta verdad, véanse las páginas 143-55.

Julie Lindsey trabajaba en el último turno en un hotel al sur de Montgomery, Alabama. Su empleo de tiempo parcial le ayudaba a pagar su educación. Ella era una creyente fiel. Pero una noche su fe le fue puesta a prueba cuando dos hombres le pusieron una pistola en la cabeza y la forzaron a entrar en su camioneta. Le robaron, la violaron repetidamente y finalmente la dejaron esposada a un árbol. A las dos de la mañana alguien la encontró y la rescató.

La pesadilla estuvo a punto de destruirla. No podía actuar normalmente de modo que el hotel la despidió y tuvo que dejar la escuela. En sus propias palabras, se sentía «hecho añicos, perdida y aturdida».

Esta es una de las piezas que no encaja en el rompecabezas. ¿Cómo una tragedia tal puede tener lugar en los planes de Dios? A su tiempo, Julie supo la respuesta a esa pregunta. Y así lo expresó:

> Después de esa experiencia, pasé mucho tiempo pensando en Dios... Buscaba y oraba para entender. Anhelaba ser sanada... Mi espíritu y mi fe habían sido dolorosamente probados; en los meses que siguieron, mi transcurrir espiritual fue doloroso pero también hermoso.
>
> Dios me permitió obtener beneficios de una situación tan desagradable y devastadora. Ahora hay en mi vida una cantidad de cosas buenas. Tengo unos amigos fantásticos, más de los que jamás pude haber tenido a no ser por esta experiencia. Tengo un trabajo que me permite servir a personas víctimas de crímenes. Tengo una profunda relación con Dios. Espiritualmente soy más sabia y madura que lo que era antes. He sido bendecida más allá de lo que puedo decir en estas páginas y eso me hace ser muy agradecida. Romanos 8.28 ha llegado a ser una parte viva de mi vida: «Todas las cosas ayudan a bien a los que aman al Señor y que son llamados según su propósito...». Después de todo, te pregunto, ¿quién ganó?[2]

[2] Joe Beam, *Seing the Unseen*, Howard, West Monroe, La, 1994, p. 230.

Ahora Julie es una ministra que trabaja con grupos a los que les enseña sobre la misericordia y sanidad de Dios. ¿Puedes imaginarte los rugidos de Satanás con cada mensaje que ella da? Lo que él quiso que fuera un mal, Dios lo transformó en un bien. Sin darse cuenta, Satanás ayudó al avance del Reino. En lugar de destruir a una discípula, él robusteció el testimonio de esa discípula.

Piensa en eso la próxima vez que el mal haga flamear su capa y corra a través del escenario de tu vida. Recuerda, el acto final ya está escrito. Y el día en que Cristo venga será el fin para el mal.

Entretanto, mientras esperamos el retorno de Cristo, podemos animarnos porque:

Jesús está orando por nosotros. Esta no es una advertencia alarmista que Pedro oye de labios de Jesús. «Simón, Simón, Satanás os ha pedido para probaros a todos ustedes como un agricultor zarandea el trigo» (Lc 22.31). ¿Traducción libre? «Satanás quiere sacudir tu fe como un agricultor zarandea el trigo sobre el piso para desgranarlo». Y a continuación: «¡Vete! ¡Sale ahora mismo de la ciudad!» O, «¡Escóndete!» o «¡Huye antes que sea demasiado tarde!»

Pero Jesús no da muestras de pánico. Está tranquilo. «He orado para que no pierdas tu fe. Ayuda a tus hermanos a ser fuertes cuando vengas a mí» (v. 32).

¿Percibes la calma en su voz? Discúlpame, pero yo casi detecto el acento de un matón de Brooklyn lleno de tatuajes, con una chaqueta de cuero negro y diciendo con esa calma típica de ellos: «Oye, Pedro, Satanás quiere matarte, pero no te preocupes. Le dije que era mejor para él que no se metiera contigo».

El resumen de todo esto es sencillo: Jesús ha hablado y Satanás ha escuchado. Es posible que el diablo acierte un golpe o dos. Incluso podría hasta ganar un par de *rounds*, pero nunca ganará la pelea. ¿Por qué? Porque Jesús pelea por ti. Te va a gustar la forma en que esta verdad aparece en Hebreos: «Pero porque Jesús vive para siempre, nunca dejará de cumplir su función sacerdotal. Por eso es capaz de salvar a todos los que vienen a Dios a través de Él porque Él vive para siempre, rogando a Dios que los ayude» (Heb 7.24-25).

Otras traducciones dicen:
«Él vive para siempre para interceder por ellos».
«Él está viviendo siempre para rogar en favor de ellos».
«Él está... siempre en el trabajo de hablar en favor de ellos».

En Romanos, Pablo dice la misma cosa: «El Espíritu mismo habla a Dios por nosotros, incluso ruega por nosotros...» (Ro 8.26). Y en el versículo 24: «El que murió por nosotros, y que resucitó a vida por nosotros... y que está en la presencia de Dios en este momento intercediendo por nosotros».

En este mismo momento Jesús te está protegiendo. Quizás te sientas como un enano en el escenario con la bruja perversa, pero no te preocupes. El mal tiene que pasar primero a través de Cristo para que llegue a tocarte. Y Dios jamás dejará que seas tentado más allá de lo que puedes resistir; y siempre está ahí para ayudarte a salir victorioso» (véase 1 Co 10.13).

«El Señor sabe cómo rescatar al hombre piadoso de sus pruebas» (2 P 2.9), y Él te librará a ti. Él nos rescatará a todos nosotros en el día cuando Cristo venga.

El hecho que Jesús está orando por nosotros debe animarnos. También nos debe animar saber que:

Venceremos. «Cuando vengas a mí...» son las palabras que Jesús usa con Pedro. No dice: «*si* vienes a mí», ni «ante la *eventualidad* que vuelvas a mí», sino «*cuando* vuelvas a mí». Jesús no tiene la más mínima duda, y así debe ocurrir también con nosotros. Lo que Jesús hizo con Pedro es lo que a mí me gustaría que alguien hiciera conmigo, el enano. Él le leyó el resto del guión.

Supongamos que hubieras estado presente durante aquel ensayo de *El Mago de Oz*. Supongamos que hubieras visto a aquel niño con los ojos abiertos como platos, con un gorro rojo en la cabeza y escondiéndose de la bruja. Y supongamos que sientes pena por él. ¿Qué habrías hecho? ¿Cómo habrías logrado que se sintiera mejor?

Sencillamente, contándole el resto de la historia. «Seguro, Max, la bruja causará algunos problemas. Dorothy y los demás tendrán sus dificultades, pero al final, la bruja se va a derretir como cera y todos llegarán a casa sanos y salvos».

¿No es eso lo que Dios nos dice sobre Satanás? Leamos de nuevo las palabras de Juan: «Y el diablo que los engañaba [al pueblo de Dios] fue lanzado en el lago de fuego y azufre, donde estaban la bestia y el falso profeta; y serán atormentados día y noche por los siglos de los siglos» (Ap 20.10).

Dios no ha guardado secretos. Él nos ha dicho que, mientras estamos en este camino de ladrillos amarillos («Yellow Brick Road»), tendremos problemas. Las enfermedades atacarán nuestros cuerpos. Los divorcios romperán los corazones. La muerte creará viudas y los desastres destruirán los países. No deberíamos esperar menos. Pero aunque el diablo quiera asustarnos, no necesitamos ser víctimas del pánico. «En este mundo tendréis aflicción», nos dice Jesús: «pero confiad, porque yo he vencido al mundo» (Jn 16.33).

Nuestro Maestro habla de una obra ya hecha. «Yo *he* vencido al mundo». Es obra acabada. La batalla ya se libró. Estemos alertas, pero no alarmados. La bruja no tiene poder. El guión ha sido publicado y es de conocimiento público. El libro se ha encuadernado. Satanás es dejado suelto por un tiempo, pero es un tiempo muy breve. Él lo sabe. «Está furioso, porque sabe que su tiempo es breve» (Ap 12.12). Solo algunas escenas más, solo un par de vueltas en el camino, y su fin habrá llegado.

Y nosotros los enanos estaremos allí para verlo.

Capítulo 10

GRACIA PORMENORIZADA

Un día de perdón permanente

Porque como en los días antes del diluvio estaban comiendo y bebiendo, casándose y dando en casamiento, hasta el día en que Noé entró en el arca, y no entendieron hasta que vino el diluvio y se los llevó a todos, así será también la venida del Hijo del Hombre.

Mateo 24.38-39

Denalyn y yo pasamos hace poco parte de un sábado viendo a nuestra hija Andrea jugar en una competencia de voleibol. El primer juego comenzó a las ocho y el segundo a las once. Entre las dos partidos, uno de los padres invitó al resto de nosotros a desayunar a su restaurante. No a «un» restaurante, sino a «su» [de ella] restaurante. Una comida gratis no se desprecia así no más, así es que una docena más o menos de nosotros aceptamos la invitación.

La comida se sirvió al estilo cafetería, de modo que nos paramos en la fila. Todos menos la anfitriona. Ella se mantuvo de pie junto a la caja registradora. Como dueña, quería asegurarse que ninguno de los invitados pagara por su desayuno. La empleada de la caja llenaba el *ticket* y llamaba a otro empleado para que atendiera el pedido, pero nosotros no pagamos ni un solo centavo. Cuando uno de nosotros quedaba frente a la cajera, nuestra generosa amiguita le decía: «A él lo conozco. Viene conmigo. Su cuenta está pagada». Se sentía feliz de reconocer a cada uno de nosotros.

Piensa en lo que ocurría esa mañana. La amabilidad de nuestra anfitriona era magnífica. Cada vez que decía: «Su cuenta ya está pagada» quedaba en evidencia su generosidad. De esta manera, aquellos que la conocían eran recompensados. Nuestras bandejas lucían llenas, lo que dentro de poco ocurriría con nuestros estómagos. ¿Por qué? Simplemente porque habíamos aceptado su invitación. Aquellos a quienes ella no conocía y que a su vez no sabían quién era, tenían que pagar. Aunque su generosidad era abundante, no era universal.

Pudiera parecer ridículo escuchar a alguien analizar una invitación a un desayuno. A menos que se esté apuntando a otro desayuno o se esté tratando de decir algo más importante con la ilustración del desayuno. En realidad, lo que quiero hacer es, precisamente, esto último, usar el ejemplo del desayuno (nada de despreciable tampoco) para decir algo trascendente. Lo que ocurrió ese sábado por la mañana es una muestra de lo que veremos cuando Cristo venga.

El día cuando Cristo venga será un día de juicio. Este juicio estará marcado por tres hechos.

En el primero, se revelará la gracia de Dios. Nuestro anfitrión recibirá todo el crédito y atención.

En el segundo, se darán a conocer las recompensas para sus siervos. Solo los que hallan aceptado su invitación serán honrados.

Y en el tercero, aquellos a quienes Él no conoce, tendrán que pagar un precio. Un precio alto y terrible. En Mateo 24.38-39 Jesús se refiere a este precio: «En aquellos días antes del diluvio la gente comía y bebía, se casaba y entregaba a sus hijos en casamiento, hasta el día en que Noé entró en el arca. Ellos no sabían nada de lo que estaba pasando hasta que vino el diluvio y los destruyó. Ocurrirá lo mismo cuando venga el Hijo del Hombre».

Al buscar Jesús una manera de explicar su regreso, retrollevó la atención al diluvio de Noé. El paralelo es obvio. En aquel entonces, se proclamó un mensaje de juicio. Este mismo mensaje se sigue proclamando hasta ahora. En aquel entonces, la gente no quiso escuchar. Hoy ocurre lo mismo. Noé fue enviado a salvar a los fieles. Cristo fue enviado a salvar a los fieles. En aquel entonces hubo un diluvio de agua. El diluvio que viene será de fuego. Noé construyó un lugar seguro de madera. Jesús hizo un lugar seguro con la cruz. Los que creyeron se refugiaron en el arca. Los que creen ahora están protegidos en Cristo.

Más importante todavía, lo que Dios hizo en la generación de Noé, lo hará en el regreso de Cristo. Pronunciará un juicio universal e irreversible. Un juicio en el cual se revela la gracia, se dan a conocer las recompensas, y se castiga a los impíos. Si lees la historia de Noé, no vas a encontrar la palabra *juicio*. Pero aunque la palabra no aparezca, hay amplia evidencia de un juicio.

La era de Noé fue una época triste. «La gente sobre la tierra hacía lo que Dios había dicho que era malo, y la violencia estaba por todas partes» (Gn 6.11). Tal rebelión rompió el corazón de Dios. «Su corazón se llenó de dolor» (Gn 6.6). Por eso mandó un diluvio, un poderoso diluvio purificador sobre la tierra. De los cielos llovió durante cuarenta días. «El agua subió hasta que las más altas montañas debajo del cielo quedaron cubiertas. Pero el agua siguió subiendo hasta alcanzar casi siete metros por sobre las montañas» (Gn 7.19-20). Solo Noé, su familia y los animales sobrevivieron en el arca. Todo lo demás pereció. Dios no dejó caer de golpe el mazo sobre la mesa, pero sí cerró la puerta del arca. Según las palabras de Jesús: «Ocurrirá igual cuando venga el Hijo del Hombre» (Mt 24.39). Y entonces se llevará a cabo un juicio.

¡Estamos hablando de un pensamiento que provoca ansiedad! Solo la expresión *día del juicio* hace pensar en personas pequeñitas en la base de una inmensa mesa de juez. En la cubierta de la mesa hay un libro y sentado a la mesa está Dios y de Dios procede una voz de juicio: ¡Culpable! *Glup*. ¿Se supone que tenemos que darnos ánimo los unos a los otros con estas palabras? ¿Qué otra cosa que no sea pánico puede provocar la idea de un juicio? Para quienes no están preparados, no puede ser de otra manera. Pero para los seguidores de Jesús que entienden el juicio, la hora no es para temerle. De hecho, una vez que la entendemos, podemos esperarla.

Veamos algunas preguntas fundamentales, y cómo se contestan.

¿Quiénes serán juzgados? Todos los que han vivido, sea la época que sea. Según Mateo 25.32: «Ante Él [el Hijo del Hombre] se reunirán todas las naciones». En 2 Corintios 5.10 Pablo escribe: «Porque todos habremos de comparecer ante el tribunal de Cristo». Así como la tierra fue sometida a juicio en los días de Noé, así toda la humanidad será juzgada el día cuando Cristo venga.

Esto conduce a una serie de preguntas, de las cuales la siguiente no es la más difícil: ¿Y qué pasa con los que nunca han oído de Cristo? ¿Y con los que vivieron antes del tiempo de Cristo o que nunca escucharon su evangelio? ¿Serán también sometidos a juicio? Sí, pero con estándares diferentes.

Los hombres serán juzgados de acuerdo con la luz que tuvieron, no sobre la base de una luz que nunca tuvieron. La persona en la jungla remota que nunca oyó de Jesús será juzgada en forma diferente a como lo será una persona que es solo un receptor y un conocer de la Biblia pero que está lejos del evangelio.

Jesús explica esto con su áspera crítica a las ciudades de Corazín y Betsaida:

> En las ciudades donde Jesús había obrado la mayoría de sus milagros, la gente rehusó volverse a Dios. Por eso Jesús se sintió muy disgustado con ellos y dijo: «Ustedes, habitantes de Corazín están en problemas. Y ustedes, habitantes de Betsaida también. Si los milagros que tuvieron lugar en sus ciudades hubieran ocurrido en Tiro y Sidón, la gente de esas ciudades haría mucho tiempo que se habría vuelto a Dios. Se habrían vestido de saco y echado ceniza sobre sus cabezas. Les aseguro que en el día del juicio, el castigo será menos grave para las gentes de Tiro y Sidón que lo que será para ustedes (Mt 11.20-22).

La frase «menos grave» es reveladora. No todos serán juzgados con la misma medida. A mayor privilegio, mayor responsabilidad. Corazín y Betsaida vieron mucho, por lo tanto mucho se esperaba de ellas. El evangelio les fue presentado con toda claridad, pero ellas con toda claridad también lo rechazaron. «El camino más lamentable hacia el infierno es aquel que sale del púlpito, pasa por la Biblia y a través de advertencias e invitaciones».[1]

Por el otro lado, Tiro y Sidón vieron menos, por lo que se les demandaba menos. La situación de ellas, para usar las palabras de Cristo, era «menos grave» que la de las otras. ¿El principio? El juicio de Dios está basado en la respuesta de la humanidad al mensaje recibido. Él jamás nos haría responsables por algo que no nos haya dicho.

Al mismo tiempo, Él nunca nos dejaría morir sin decirnos algo. Aun a aquellos que nunca oyeron de Cristo se les ha dado un mensaje sobre el carácter de Dios. «Los cielos cuentan la gloria de Dios, y el firmamento anuncia la obra de sus manos. Un día emite palabra a otro día, y una noche a otra noche declara sabiduría. No hay lenguaje, ni palabras, ni es oída su voz» (Sal 19.1-3).

La naturaleza es el primer misionero de Dios. Donde no hay Biblia, hay estrellas centelleando. Donde no hay predicadores, está la primavera. Donde no hay testimonio de las Escrituras, está el testimonio del cambio de estaciones y las emocionantes puestas de sol. Si una persona no tiene otra cosa que la naturaleza, entonces la naturaleza es suficiente para revelarle algo de Dios. Como dice Pablo: «La realidad básica de Dios es suficientemente evidente. ¡Abre tus ojos y la verás! Al echar una mirada atenta a lo que Dios ha creado, la gente siempre ha sido capaz de ver lo que sus ojos no pueden ver: su poder eterno, y el misterio de su ser divino» (Ro 1.20).

Pablo sigue diciendo: «La ley de Dios no es algo extraño, impuesto a nosotros desde afuera, sino que ha sido tejida en la tela

1 J.C. Ryle citado por John Blanchard en *Whatever Happened to Hell?* Crossyway Books, Wheaton, Ill, 1995, 184.

misma de nuestra creación. Dentro de ella hay algo profundo que habla del sí y del no de Dios, de lo recto y de lo incorrecto. Su respuesta al sí y al no de Dios será de conocimiento público el día cuando Dios haga su decisión final sobre cada hombre y mujer. El mensaje de Dios que yo proclamo mediante Cristo Jesús toma en cuenta todas esas diferencias» (Ro 2.15-16).

No sabemos cómo hará Dios para tener en cuenta esas diferencias, pero lo hará. Si a ti y a mí, en nuestro estado pecador, nos preocupa este asunto, podemos estar seguros que Dios en su santidad ya las ha establecido. Podemos confiar en el testimonio que procede del cielo: «Sí, Señor Dios Todopoderoso, tus juicios son verdaderos y justos» (Ap 16.7).

Habiendo establecido quién será juzgado, veamos ahora la pregunta siguiente:

¿Qué se juzgará? Sencillamente todo lo que hayamos hecho en esta vida presente. De nuevo 2 Corintios 5.10 es claro: «Porque es necesario que todos nosotros comparezcamos ante el tribunal de Cristo, para que cada uno reciba según lo que haya hecho mientras estaba en el cuerpo, sea bueno o sea malo». Esto incluye obras, palabras y pensamientos.

¿No es eso lo que se entiende de Apocalipsis 20.12? «Los muertos fueron juzgados por lo que habían hecho, lo cual estaba escrito en los libros». Afirmaciones similares encontramos en otros pasajes de las Escrituras.

«Dios traerá toda obra a juicio, juntamente con toda cosa encubierta, sea buena o sea mala» (Ec 12.14).

«El día del juicio, los hombres rendirán cuenta de cada palabra ociosa que hayan dicho» (Mt 12.36).

En Lucas 12.2 Jesús resume el asunto cuando dice: «Todo lo que está oculto será revelado, y todo lo que es secreto será dado a conocer».

¿Aun para el creyente? ¿Nosotros también seremos juzgados? Hebreos 10.30 lo dice: «El Señor juzgará a su pueblo». Y el apóstol Pablo añade: «Porque todos compareceremos ante el tribunal de

Cristo ... de manera que cada uno de nosotros dará a Dios cuenta de sí» (Ro 14.10, 12).

Me pareció ver un par de cejas que se levantaban. ¿Por qué un cristiano tiene que ser sometido a juicio? No es una mala pregunta. Vamos a la tercera.

¿Por qué serán juzgados los cristianos? ¿No tenemos una nueva vestidura? ¿No estamos vestidos con la justicia de Cristo? ¿No han sido nuestros pecados alejados de nosotros cual el este lo está del oeste? Así ha sido. Y podemos pararnos firmemente en esta verdad: «Por lo tanto, no hay condenación para los que están en Cristo Jesús» (Ro 8.1). Debido a que estamos vestidos en Cristo, no tenemos por qué tener miedo del día cuando Dios nos juzgará.

Pero si estamos vestidos en Cristo, ¿por qué tenemos que ser juzgados?

A esta pregunta encuentro a lo menos dos respuestas. Primero, de esta manera nuestras recompensas pueden ser dadas a conocer, y segundo, de esta manera se revela la gracia de Dios.

Hablemos un momento de nuestras recompensas. La salvación es el resultado de la gracia. Sin excepción, ningún hombre o mujer ha hecho jamás algo que perfeccione la obra terminada de la cruz. Nuestros servicios no nos ganan la salvación. Sin embargo, nuestro servicio tiene efecto en nuestras recompensas. Como un escritor afirmó: «Somos aceptados en el cielo sobre la base de la fe sola, pero somos adornados en el cielo sobre la base de los frutos de nuestra fe».[2]

Si esto te suena raro, no estás solo. La Escritura ofrece solo enseñanza suficiente para convencernos de nuestras recompensas, pero no suficiente para responder nuestras preguntas sobre ellas. ¿En qué forma vienen? ¿Cómo se nos dan? No se nos dice. Sencillamente se nos asegura que existen. Además de las coronas de vida, de justicia y de gloria, las Escrituras nos dicen que hay otros premios.

2 Donald Bloesch, *Essencials of Evangelical Theology*, Harper and Row, San Francisco, 1978, 229.

Uno de los pasajes más claros sobre este tema lo encontramos en 1 Corintios 3.10-15. En estos versículos, Pablo visualiza dos vidas. Ambas están construidas sobre el fundamento de Cristo; es decir, ambas están salvadas. Una, sin embargo, añade a ese fundamento obras valiosas de oro, plata y piedras preciosas. La otra se contenta con seguir la ruta más fácil y no hace una contribución sustantiva al reino. Su obra está hecha de madera, heno y hojarasca, todos materiales inflamables.

En el día del juicio, se revelará la naturaleza de cada obra. Pablo escribe: «Ese día aparecerá con fuego, y el fuego probará el material del cual esté hecha la obra de cada uno. Si el edificio que se ha levantado sobre el fundamento permanece, el constructor obtendrá recompensa. Pero si el edificio se quema, el constructor sufrirá pérdida. El constructor se salvará, pero como si se hubiera escapado del fuego» (1 Co 3.13-15).

Observa que ambos constructores se salvan, pero solo uno de ellos recibirá recompensa. Y esa recompensa será proporcional a sus obras. No sabemos cuál será exactamente la forma que tendrá la recompensa. En una ocasión alguien me aconsejó que mantuviera un «reverente agnosticismo» sobre esa cuestión. En otras palabras: mantén pacientemente tu ignorancia.

Mi impresión es que los premios vendrán en la forma de responsabilidad adicional, no en la forma de privilegios adicionales. A eso parece referirse Mateo 25.21: «Bien, buen siervo y fiel; sobre poco has sido fiel, sobre mucho te pondré; entra en el gozo de tu señor». Al obrero parece dársele más responsabilidad en lugar de más descanso. Pero de nuevo, no estamos seguros que así vaya a ser.

Lo que sí sabemos es esto: Somos salvos por gracia, y somos recompensados de acuerdo con las obras. Todo lo que vaya más allá de estos límites, es pura especulación. De hecho, cualquiera especulación en este sentido es peligrosa al desarrollar en nosotros una actitud de competencia inadecuada.

¿Pero no seremos competitivos en el cielo? ¿El hecho de recibir recompensas no levantará celos en algunos y arrogancia en otros? No. Porque en nuestro estado de no pecaminosidad nuestra atención no estará puesta en nosotros sino en Cristo Jesús. Con gusto asumiremos la actitud que Cristo manda en Lucas 17.10: «Así también vosotros, cuando hayáis hecho todo lo que os ha sido ordenado, decid: Siervos inútiles somos, pues lo que debíamos hacer, hicimos».

Pero persiste la pregunta, ¿por qué deben ser expuestas nuestras obras? Según Jesús: «Todo lo oculto será revelado, y todo lo que está en secreto será dado a conocer» (Lc 12.2). ¿Está diciendo Jesús que serán revelados todos los secretos? ¿Los secretos de los santos como los de los pecadores? Así será -y esto es esencial- los pecados de los salvos serán revelados como pecados *perdonados*. Nuestras transgresiones se anunciarán como transgresiones *perdonadas*. Esta es la segunda razón para que los creyentes sean juzgados. La primera, para que nuestros actos puedan ser recompensados y la segunda, para que Dios revele su gracia.

Probablemente has oído la historia de aquella pareja que resolvió darse consejería ella misma. Haría ella, una lista de las faltas que veía en él; y él, de las faltas que veía en ella. Luego, las intercambiarían y se las leerían mutuamente en voz alta. Parecía un ejercicio saludable, así es que ella hizo su lista y él hizo la suya. Luego de terminada la lista de faltas de él, la esposa se la entregó a su esposo y él la leyó en voz alta. «Roncas mucho, te gusta comer en la cama, llegas a casa demasiado tarde y te vas al trabajo demasiado temprano, etc.». Después de terminada la lectura, el esposo le entregó a ella su lista. La esposa empezó a leer para ella antes de hacerlo en voz alta, y sonrió. Él también había escrito sus quejas, pero junto a cada cosa, había añadido: «Pero la perdono».

El resultado fue una lista de gracia tabulada.

Tú también recibirás una lista el día del juicio. Recuerda que la razón fundamental del juicio es revelar la gracia del Padre. Al anunciarse tus pecados, la gracia de Dios es magnificada.

Imagínate el momento. Tú estás ante el trono de juicio de Cristo. El libro se abre y se inicia la lectura. Cada pecado, cada mentira, cada ocasión de destrucción y codicia. Pero tan pronto como se lee la infracción, se proclama la gracia.

Falta de respeto a los padres cuando tenías trece años de edad.

Ocultar la verdad a los quince.

Murmurar a los veintiséis.

Lujuria a los treinta.

Desatender la dirección del Espíritu a los cuarenta.

Desobedecer la Palabra de Dios a los cincuenta y dos.

PERDONADO

¿Resultado? El veredicto misericordia de Dios resonará en el ámbito del universo. Por primera vez en la historia, entenderemos la profundidad de su bondad. Gracia pormenorizada. Bondad detallada. Perdón registrado. Un temor reverente nos sobrecogerá cuando se enumeren nuestros pecados y después de cada uno se anuncie el perdón. Celos revelados, celos quitados, infidelidades anunciadas, infidelidades limpiadas, mentiras expuestas, mentiras borradas.

El diablo huirá derrotado. Reverentes, los ángeles darán un paso al frente. Nosotros los santos estaremos ante la gracia de Dios. En la medida que veamos cuántos pecados Él nos habrá perdonado, veremos cuánto nos ama. Y lo adoraremos. Uniremos nuestras voces a las de los santos: «Tú eres digno de tomar el libro y abrir sus sellos, porque tú fuiste muerto, y con la sangre de tu muerte trajiste a los pueblos para Dios de cada tribu, lengua, pueblo y nación» (Ap 5.9).

¡Qué triunfo será para nuestro Maestro!

Quizás tú estés pensando, *Será triunfo para Él pero humillación para mí*. No, no será así. Las Escrituras prometen: «El que creyere en Él no será avergonzado» (1 P 2.6). ¿Pero cómo puede ser eso? Si lo escondido es revelado y lo secreto sacado a la luz, ¿no será esa una situación demasiado embarazosa? No. De ninguna manera. Y he aquí el por qué.

La vergüenza es hija del egocentrismo. Los ocupantes del cielo no son egocéntricos, sino Cristocéntricos. Tú estarás en tu estado de absoluta pureza. La pureza no protege una reputación ni proyecta una imagen. Tú no vas a sentir vergüenza; al contrario, te sentirás feliz de dejar que Dios haga en el cielo lo que hizo en la tierra: ser honrado en tu debilidad.

¿Cabezas agachadas debido a la vergüenza? No. ¿Cabezas inclinadas en adoración? Sin duda.

Entre paréntesis, ¿No te hace sentir bien que todo esto se realice abiertamente? No más juegos. No más encubrimientos. No más favoritos. No más falsos méritos. El resultado será la primera comunidad genuina de personas perdonadas. En el cielo solo uno es digno de los aplausos y ese es quien se dejó horadar las manos y los pies.

Así es que no te preocupes por sentir vergüenza. El creyente no tiene nada que temer del juicio. El incrédulo, sin embargo, sí tiene mucho que temer. Lo cual nos lleva a nuestra última pregunta.

¿Cuál es el destino de quienes no conocen a Cristo? ¿Recuerdas los tres propósitos del juicio? Para que se revela la gracia de Dios. Para que sus premios sean conocidos. Y para quienes no lo conocen, paguen un precio. Un precio alto y terrible.

Vamos a volver a la historia del desayuno gratis en el restaurante. ¿Qué habría pasado si un extraño hubiera tratado de colarse? Nadie lo hizo, pero es posible que alguien hubiese querido hacerlo. Se habría deslizado entre los invitados y habría actuado como si hubiese sido parte del grupo. ¿Habría tenido éxito? ¿Habría logrado engañar a nuestra anfitriona? No. Ella conocía a sus invitados por nombre.

Lo mismo ocurre con Jesús. «El Señor conoce a los que le pertenecen» (2 Ti 2.19). Así como nuestra anfitriona permaneció junto a la caja registradora, así nuestro Salvador permanecerá junto al trono del juicio. Así como ella cubrió nuestra deuda, así Cristo perdonará nuestros pecados. Y así como ella habría rehusado atender como invitado a quien no lo haya sido, así Jesús hace lo mismo. «Yo no conozco a esta persona», habría dicho ella. «Apartaos de mí, obradores de iniquidad. Nunca os conocí», dirá Jesús (Mt 7.23).

Para tal persona, el día del juicio será un día de vergüenza. Sus pecados serán sacados a la luz, pero no como pecados perdonados. ¿Puedes imaginarte la misma lista menos la proclamación de perdón? Un hecho tras otro hasta que el pecador ni siquiera pretenda resistir el justo castigo de Dios.

Para quienes nunca aceptaron la misericordia de Dios, el juicio será un día de ira. Será como los días de Noé. Pero ese es un tema para la página que viene.

Capítulo 11

AMOR CAUTELOSO

Un día de justicia final

El diluvio se los llevó a todos. Así será también
la venida del Hijo del Hombre.
Mateo 24.39

Recientemente hice algo que pocas veces hago. Puse atención a las instrucciones que daba por los altavoces la asistente de vuelo. Por lo general, cuando esto ocurre, yo tengo mi nariz metida en un libro o en un proyecto, pero esta vez era diferente. Porque el día anterior se había caído un avión comercial. Ver las noticias del accidente me convenció que tenía que prestar atención. Porque si este avión llegaba a estar en dificultades, no sabría qué hacer.

De modo que puse atención. Mientras ella mostraba cómo asegurarse el cinturón, yo me aseguraba el mío. Mientras ella mostraba la forma de usar la máscara de oxígeno, yo me fijaba en el lugar donde estaba almacenada. Cuando ella indicó hacia las salidas de emergencia, yo me volví para ver dónde estaba la que me correspondía a mí. Fue entonces que observé lo que ella observa en todos los vuelos. Nadie estaba escuchando. Nadie ponía atención. Me molestó esa actitud y me dieron ganas de pararme y gritar: «Es mejor que escuchen todos ustedes porque un pequeño percance y este avión se transformará en un mausoleo ardiente. Lo que esta mujer está diciendo puede salvarles la vida».

Me pregunté qué ocurriría si ella usaba formas más drásticas. Por ejemplo, que rociara un muñeco con gasolina y le prendiera fuego. O presentara en la pantalla de cada sección del avión imágenes de pasajeros corriendo despavoridos para abandonar un avión en llamas. O recorriera los pasillos arrebatándoles a los pasajeros los periódicos y las revistas y exigiéndoles que pusieran atención si querían sobrevivir a un infierno de fuego.

Sin duda que perdería su trabajo. Pero haría lo que tenía que hacer. Y a los pasajeros les estaría haciendo un tremendo favor. Nuestro Salvador ha hecho lo mismo por nosotros. Su motivación fue más allá que cumplir con su deber. Su motivación fue el amor. Y el amor advierte al amado.

La advertencia de Cristo es clara: «Porque como en los días antes del diluvio estaban comiendo y bebiendo, casándose y dando en casamiento, hasta el día en que Noé entró en el arca, y no entendieron hasta que vino el diluvio y se los llevó a todos, así será también la venida del Hijo del Hombre» (Mt 24.38-39).

Como señalamos en el capítulo anterior, los paralelos entre el diluvio de Noé y el retorno de Cristo surgen fácilmente. En aquel entonces, la gente se negaba a escuchar. Hoy día, muchos siguen sin querer oír. En aquel entonces, Dios proveyó de un lugar seguro para que se refugiaran los fieles: el arca. Hoy día, Dios ha enviado a su Hijo para que en Él se refugien los fieles. En aquel entonces fue un diluvio. Un diluvio de agua. El que viene ahora será un diluvio de venganza. El primero fue irreversible. Así será también el segundo. Una vez que la puerta se cierre, se cerrará para siempre. El día del diluvio hubo lamentos. El día del juicio habrá «lloro y crujir de dientes» (Mt 25.30). En cuanto a los perdidos, la Biblia dice: «El humo de sus tormentos sube por siempre y siempre; y ellos no tienen reposo ni de día ni de noche» (Ap 14.11).

Este es un asunto serio. El infierno es un tema para tratar con seriedad. Un tema que nos gustaría evitar. Estamos de acuerdo con C.S. Lewis: «Si estuviera en mis manos hacerlo, no hay doctrina que quitaría con más placer del Cristianismo que la doctrina del infierno... Pagaría lo que fuera por poder decir: "Todos se salvarán"»[1]

¿No lo harías tú? Claro que sí.

Vamos a discurrir sobre esto por un momento.

¿Sirve el infierno a algún propósito? Por más que nos desagrade la idea del infierno, ¿no sería aun peor la ausencia de él? Saquémoslo de la Biblia y, al mismo tiempo, sacaremos toda referencia a un Dios justo y a unas Escrituras confiables. Me explico.

Si no hubiera infierno, Dios no sería justo. Si no hubiera castigo por el pecado, a los violadores, a los pillos y a los asesinos en masa el cielo les sería completamente indiferente. Si no hubiera infierno, Dios sería ciego para con las víctimas y daría las espaldas a quienes claman por alivio. Si no hubiera ira hacia la maldad, entonces Dios no sería amor, porque el amor odia lo que es malo.

Decir que no hay infierno sería decir que Dios es mentiroso y que sus Escrituras son falsas. La Biblia habla repetida y firmemente del resultado dualista de la historia. Algunos se salvarán. Otros se perderán. «Muchos de los que duermen en el polvo de la tierra serán despertados, unos para vida eterna, y otros para vergüenza y confusión perpetua» (Dn 12.2). Y Pablo añade: «Vida eterna a los que, perseverando en bien hacer, buscan gloria y honra e inmortalidad, pero ira y enojo a los que son contenciosos y no obedecen a la verdad, sino que obedecen a la injusticia» (Ro 2.7-8).

Hay quienes objetan este punto por gravitar sobre las enseñanzas de Jesús. La idea del infierno, dicen, es una idea del Antiguo Testamento. Curiosamente, el Antiguo Testamento es comparativamente parco sobre este tema. El Nuevo Testamento es la fuente primaria de pensamientos sobre el infierno. Y Jesús es el primer maestro del tema. Nadie habla más a menudo o más claramente sobre el castigo eterno que el propio Señor Jesucristo.

1 C.S. Lewis, tal como es citado por Larry Dixon en *The Other Side of the Good News*, Victor Books, Wheaton, Ill, 1992, 45.

Piensa en estos dos hechos: El trece por ciento de las enseñanzas de Cristo son sobre el juicio y el infierno. Más de la mitad de sus parábolas tienen que ver con el juicio eterno de Dios a los pecadores. De las doce veces que aparece en la Biblia la antigua palabra *Gehena* o *Gena* (en las versiones más recientes de la Biblia en español traducida como infierno o fuego eterno), una sola vez no corresponde a palabras de Jesús.[2] Nadie habló más del infierno que Jesús. «El que creyere y fuere bautizado, será salvo; mas el que no creyere, será condenado» (Mc 16.16).

¿Vamos a ignorar estas afirmaciones? ¿Podemos quitarlas de nuestras Biblias? Solo a expensas de un Dios justo y una Biblia confiable. El infierno es una parte muy real en la economía del cielo.

Aun ahora, antes que Cristo venga, la presencia del infierno sirve a propósitos poderosos. Funciona de alguna manera como el taller de mi papá. Allí era donde nos aplicaba la disciplina a mi hermano y a mí. Cuando mamá se enojaba, nosotros salíamos corriendo. Cuando papá se enojaba, recibíamos nalgadas. Puedes imaginarte qué preferíamos nosotros. Todo lo que papá tenía que hacer era mandarnos al taller. Cuando escuchábamos su «Espérenme en el taller», nuestras asentaderas empezaban a hormiguear. Yo no sé qué es lo que piensas tú sobre el castigo corporal. No menciono nuestra experiencia para iniciar una discusión sobre el tema. Simplemente creo que explica el impacto que el taller tenía en mi conducta.

Por supuesto que mi padre me amaba. Yo sabía que me amaba. Y la mayor parte del tiempo, su amor era suficiente. Hubo muchas cosas que yo no hice porque sabía que me amaba. Pero hubo unas pocas ocasiones cuando su amor no fue suficiente. La tentación era tan fuerte, o la rebeldía tan feroz, que el pensamiento de su amor no

2 Para ver dos puntos de vista contrastantes sobre la duración del infierno, véase a Blanchasrd, *Whatever Happened to Hell?* y Edward William Fudge, *The Fire That Consumes*. The Paternoster Press, Carlisle, RU, 1944.

era capaz de hacerme retroceder. Pero el pensamiento de su ira sí. Cuando el amor no era suficiente para obligarme, el miedo me corregía. Pensar en el taller -y el lloro y el crujir de dientes allí adentro- eran argumento suficiente para hacerme reaccionar.

La aplicación parece obvia. Si no, hagámosla. Nuestro Padre celestial ama a sus hijos. De veras. La mayor parte del tiempo, ese amor es suficiente para hacer que lo sigamos. Pero habrá ocasiones en que no será así. El llamado del deseo puede ser tan fuerte, la atracción de la avaricia tan grande, la promesa de poder tan seductora que la gente sencillamente rechazará el amor de Dios. En ese momento, el Espíritu Santo puede que mencione «el taller». Quizás nos recuerde que «todo lo que el hombre sembrare, eso también segará» (Gl 6.7). Y es posible que el recuerdo que hay un lugar de castigo sea todo lo que necesitamos para corregir nuestra conducta.

En Lucas 16 Jesús nos hace ese recordatorio.

¿Cómo es el infierno? Jesús es la única persona que ha vivido sobre la tierra y que conoce personalmente el infierno. Y su descripción es la más confiable y gráfica que jamás se haya escrito. Cada palabra en esta historia es importante. Cada palabra es sobria.

> Había un hombre rico, que se vestía de púrpura y de lino fino, y hacía cada día banquete con esplendidez. Había también un mendigo llamado Lázaro, que estaba echado a la puerta de aquél, lleno de llagas, y ansiaba saciarse de las migajas que caían de la mesa del rico; y aun los perros venían y le lamían las llagas (Lc 16.19-21).

La historia comienza en una lujosa residencia en un barrio exclusivo. El dueño de la casa es extravagante. Usa ropa finísima. El griego sugiere que la tela de la cual está hecha su ropa literalmente vale su peso en oro. Cada día ofrece banquetes. En una época cuando mucha gente apenas puede comer una vez a la semana, su dieta diaria es exuberante.

Dentro de las puertas de su propiedad hay hermosos jardines. Porcelana finísima y cubiertos de oro se diseminan sobre su mesa. Fruta recién cosechada de sus huertos forma parte de su comida diaria. Vive, dice Jesús, en un lujo constante.

Pero fuera de sus puertas se sienta un pordiosero llamado Lázaro. Su cuerpo lleno de llagas y la piel pegada a sus huesos. Yace a la puerta de ese palacio. Alguien tan compasivo como para ignorarlo pero demasiado pobre como para ayudarle, transporta al mendigo en una carreta y lo deposita frente a la casa del rico. En aquellos días, los ricos no usaban servilletas sino que se limpiaban las manos en grandes trozos de pan. Lázaro se conformaba con tener las migajas de ese pan.

Observa el contraste. Un varón cuyo nombre no se menciona se solaza en el ocio. Un mendigo con nombre yace en su miseria. Entre ambos hay una puerta. Una puerta inmensa y fuerte. Adentro, una persona está en fiesta permanente. Afuera, una persona se muere de hambre. Y arriba, un Dios justo dicta la sentencia. Cae la cortina de la muerte. Ambos mueren. Y mientras las luces se vuelven para iluminar la escena dos, echamos una mirada a los destinos inversos.

«Aconteció que murió el mendigo, y fue llevado por los ángeles al seno de Abraham; y murió también el rico, y fue sepultado. Y en el Hades alzó sus ojos, estando en tormentos» (vv. 22-23).

El mendigo, que no tenía nada sino a Dios, ahora lo tiene todo. El rico, que lo tuvo todo excepto a Dios, ahora no tiene nada. El mendigo, cuyo cuerpo probablemente fue echado a un hueco junto con la basura, es ahora honrado con un asiento cerca de Abraham. El rico, quien seguramente fue sepultado en una tumba esculpida y ungido con aceites costosísimos es destinado al infierno por la eternidad. El dolor de Lázaro ha cesado. El dolor del rico apenas comienza.

Si la historia terminara aquí, quedaríamos sorprendidos. Pero la historia continúa. Jesús ahora nos lleva a los límites del infierno y nos revela sus horrores. El rico está en un tormento inexorable. Cinco versículos hacen cuatro referencias a su dolor.

«Y en el Hades alzó sus ojos, estando en tormentos» (v. 23).

«Estoy atormentado en esta llama» (v. 24).

«Este [Lázaro] es consolado aquí, y tú atormentado» (v. 25).

«Tengo [el rico] cinco hermanos para que [Lázaro] les testifique, a fin de que no vengan ellos también a este lugar de tormento» (v. 28).

Quizás la última frase sea la más elocuente. El rico define su nuevo hogar como un «lugar de dolor». Sufre cada fibra de su ser. Y lo que es peor (sí, hay algo peor) él puede ver el lugar de confort que nunca conocerá. Alza sus ojos y ve al mendigo que una vez vivió a las puertas de su mansión. Ahora es el rico el que pide.

«El rico vio de lejos a Abraham con Lázaro a su lado. Y clamó, "¡Padre Abraham, ten misericordia de mí! Envía a Lázaro a que moje su dedo en agua y refresque mi lengua, porque estoy sufriendo en este fuego"» (vv. 23-24).

El infierno sería tolerable si sus habitantes fueran robotomizados. Pero no lo son. Están conscientes. Y hacen preguntas. Hablan. Claman. De todos los horrores del infierno, el peor debe ser el conocimiento que el sufrimiento nunca terminará. «Estos irán a castigo eterno, pero los justos a vida eterna» (Mt 25.46).

Para describir la duración del castigo se usa el mismo adjetivo que para describir la duración de la vida en el cielo: *eterno*. Los buenos viven «eternamente». Los malos son castigados «eternamente».[3]

Apocalipsis 14.11 es igualmente angustiante: «Y el humo de su tormento sube por los siglos de los siglos. Y no tienen reposo de día ni de noche los que adoran a la bestia y a su imagen, ni nadie que reciba la marca de su nombre».

Nos gustaría saber que a los pecadores se les dará una segunda oportunidad, que unos pocos meses o milenios de purgatorio purificarán sus almas, y finalmente todos se salvarán. Pero a pesar de sonar tan atractivo, esto no lo enseñan las Escrituras. La respuesta de Abraham al

3 Blanchard, *Whatever Happened to Hell?*, p. 130.

pedido del hombre perdido demuestra que la paciencia de Dios se detiene a las puertas del infierno. «Entre nosotros y vosotros hay puesta una gran sima, de modo que los que quieren ir de aquí hacia allá no pueden, ni tampoco se puede venir de allá para acá» (Lc 16.26).

El término *puesta* que se origina en el griego, es una palabra que significa «promulgar, asegurar». Literalmente significa «construir, establecer permanentemente». En Romanos 16.25 Pablo usa la misma palabra cuando dice de Jesús: «el que puede confirmaros».

Fascinante. El mismo poder que confirma a los salvos en el reino, sella la suerte de los perdidos. No habrá misiones evangelizadoras al infierno como tampoco habrá excursiones de fin de semana al cielo. Es duro enseñar esto, porque surge la pregunta.

¿Cómo podría un Dios de amor mandar a las personas al infierno? Esta pregunta la hace la gente frecuentemente. La pregunta misma revela un par de malentendidos.

Primero, Dios no *manda* a la gente al infierno. Él simplemente respeta la decisión de la gente. El infierno es la expresión final de la más alta preocupación de Dios por la dignidad del hombre. Nunca nos ha forzado a que lo escojamos a Él aun cuando eso pudiera significar que en cambio, escojamos el infierno. Como lo dice C.S. Lewis: «Al fin y al cabo, hay solo dos tipos de personas: los que dicen a Dios "que se haga tu voluntad" y aquellos a quienes al final, Dios dirá, "que se haga tu voluntad". Todos los que están en el infierno optaron por el infierno».[4] En otro de sus libros, Lewis lo dice de esta manera: «Creo que, en un sentido, los condenados han sido rebeldes exitosos hasta el fin; y que las puertas del infierno se cierran desde adentro».[5]

No. Dios no «manda» a la gente al infierno. Tampoco manda «gente» al infierno. Este es el segundo malentendido.

4 C.S. Lewis, *The Great Divorce*, Macmillan, New York, 1946, pp. 66-67, citado por Blanchard, *Whatever Happened to Hell?*, p. 151.

5 C.S. Lewis, *The Problem of Pain*, Macmillan, New York, 1967, p. 127. Citado por Blanchard, *Whatever Happened to Hell?*, p. 152

La palabra *gente* es neutra, implicando inocencia. Las Escrituras no enseña en ninguna parte que la gente inocente es condenada. No es la gente la que va al infierno, sino la gente pecadora. Los rebeldes. Los egocéntricos. Por eso, ¿cómo podría un Dios amoroso enviar a la gente al infierno? No lo hace. Simplemente respeta la decisión de los pecadores.

La historia de Jesús concluye con un giro sorpresivo. Oímos al rico clamar: «Por favor envía a Lázaro a casa de mi padre. Tengo cinco hermanos, y Lázaro les advertiría para que no vengan ellos también a este lugar de dolor» (Lc 16.27-28).

¿Qué es eso? ¿De repente, el rico lleno de celo evangelístico? ¿Aquel que nunca conoció a Dios ruega ahora para que se envíen misioneros? Es notable lo que puede hacer con tus prioridades tener un pie en el infierno. Los que conocen los horrores del infierno harían cualquier cosa para advertir a sus amigos.

Jesús, que entiende el diluvio final de ira, está dispuesto a hacer cualquier sacrificio para evitarlo. «Si tu mano o tu pie son motivo para que peques, córtalos y échalos de ti; es mejor entrar en la vida mutilado o cojo que con dos manos o dos pies ser lanzado en el fuego eterno» (Mt 18.8-9).

Esta historia es, sin duda, la más perturbadora que Jesús haya contado. Contiene palabras tales como *tormento, dolor* y *sufrimiento*. Enseña conceptos que son duros de tragar, conceptos tales como «castigo consciente» y «destierro permanente». Pero también enseña una verdad vital que fácilmente se pasa por alto. Esta historia enseña el amor inimaginable de Dios.

«¿Qué? ¿El amor de Dios? Max: Parece que tú y yo hemos leído dos historias diferentes. La que yo leí habla de castigo, de infierno, de miseria eterna. ¿Cómo algo así puede enseñar del amor de Dios?»

Porque Dios fue allí, por ti. Dios cruzó el abismo. Dios atravesó la sima. ¿Para qué? Para que no tuvieras que hacerlo tú.

No olvides nunca que mientras estaba en la cruz, Jesús se hizo pecado. «Cristo fue sin pecado, pero Dios lo hizo pecado para que en

Cristo nosotros pudiéramos estar en buena relación con Dios» (2 Co 5.21). Jesús se hizo pecado, precisamente lo que Dios odia y que castiga.

«La paga del pecado es muerte», dice Pablo en Romanos 6.23. El rico es testimonio de la veracidad de esta afirmación. Lleva una vida de pecado y ganarás una eternidad de sufrimiento. Dios castiga el pecado, aun cuando el pecado se halle en su propio hijo. Eso es, exactamente, lo que ocurrió en la cruz. «El Señor llevó en Él la maldad de todos nosotros» (Is 53.6).

Y porque lo hizo, Jesús «llevó nuestros sufrimientos sobre Él y sufrió nuestros dolores» (Is 53.4). Lo que el rico sintió, Jesús lo sintió. Lo que tú viste al mirar dentro del abismo del infierno, Jesús lo experimentó... el dolor, la angustia, el aislamiento, la soledad. No es de maravillarse que haya clamado: «Dios mío, Dios mío, ¿por qué me has desamparado?» (Mc 15.34).

Como el rico, Jesús conoció el infierno. Pero a diferencia del rico, Jesús no permaneció allí. «Él [Jesús] también participó de lo mismo, para destruir por medio de la muerte al que tenía el imperio de la muerte, esto es, al diablo, y librar a todos los que por el temor de la muerte estaban durante toda la vida sujetos a servidumbre» (Heb 2.14-15).

Sí, la miseria del infierno es profunda, pero no tanto como el amor de Dios.

¿Cómo, entonces, vamos a aplicar este mensaje? Si tú eres salvo, debe ser para ti causa de regocijo. Ya has sido rescatado. Un atisbo al infierno hace que el creyente se regocije. Pero también lo lleva a redoblar sus esfuerzos para alcanzar al perdido. Entender el infierno es orar más intensamente y servir más diligentemente. La nuestra es una misión de alta prioridad.

¿Y los perdidos? ¿Cuál es el significado de este mensaje para los que no están preparados? Hacer caso de la advertencia y prepararse. Este avión no va a volar para siempre. «Mejor es ir a la casa del luto que a la casa del banquete; porque aquello es el fin de todos los hombres, y el que vive lo pondrá en su corazón» (Ec 7.2).

Capítulo 12

VER A JESÚS

Un día de gozo indescriptible

Sabemos que cuando Cristo venga otra vez, seremos como Él es, porque le veremos como realmente es.

1 Juan 3.2

San Agustín pensó en el siguiente experimento. Imagínate a Dios diciéndote: «Te propongo un trato. Te daré lo que quieras: placer, poder, honor, riqueza, libertad e incluso paz mental y una buena conciencia. Nada será pecado; nada será prohibido; y nada será imposible para ti. Nunca te vas a aburrir, ni nunca te vas a morir. Pero, a cambio de todo eso, nunca verás mi rostro».[1]

La primera parte de la proposición es atractiva. ¿No hay allí una parte de nosotros, una parte del amor al placer que hay en nosotros, que se anima ante el pensamiento de no culpabilidad y de un deleite que no termina? Pero ocurre que cuando estamos a punto de levantar la mano para aceptar el trato, escuchamos la frase final: «Nunca verás mi rostro».

Y paramos. *¿Nunca?* ¿Nunca conocer la imagen de Dios? ¿Nunca estar ante la presencia de Cristo? En este punto, dime, ¿no empieza aquella ganga a perder algo de su atractivo? ¿No empiezan a surgir

1 Peter Kreeft, *Heaven: The Heart's Deepest Longing*, Ignatius Press, San Francisco, 1980, p. 49.

otros pensamientos? ¿No nos enseña la prueba algo sobre nuestros corazones? ¿No revela el ejercicio una parte mejor y más profunda de nosotros que quiere ver a Dios?

Para muchos es así.

Para otros, sin embargo, el ejercicio de San Agustín apenas levanta una pregunta. Una pregunta torpe. Una pregunta que te resistes a hacer para no pasar por tonto o irreverente. A riesgo de poner palabras en tu boca, permíteme poner palabras en tu boca. «¿Para qué un acuerdo así?», preguntas. «No se trata de falta de respeto. Por supuesto que yo quiero ver a Jesús, pero ¿verlo *para siempre*? ¿Será tan admirable?»

Según Pablo, lo es. «El día cuando el Señor Jesús venga», escribe: «Todos los que hayan creído en Él lo admirarán» (2 Ts 1.10).

Admirar a Jesús. No se trata de ángeles, o mansiones o nuevos cuerpos o nuevas creaciones. Pablo no mide el gozo por su encuentro con los apóstoles o por poder abrazar a los seres queridos. Si vamos a admirar a estos, lo que es muy probable, él no lo dice. Lo que dice es que vamos a admirar a Jesús.

¿Por qué esa admiración?

Por supuesto que yo no tengo forma de responder a esa pregunta por experiencia. Pero puedo llevarte a alguien que sí puede. Hace mucho tiempo, un domingo por la mañana un hombre llamado Juan vio a Jesús. Y lo que vio lo escribió y lo que escribió ha intrigado a los seguidores de Cristo por dos mil años.

Al imaginarnos a Juan, nos imaginamos a un anciano con hombros caídos y caminar pausado. Han pasado muchos años desde sus tiempos de joven discípulo con Jesús en Galilea. Su maestro ha sido crucificado y la mayoría de sus amigos están muertos. Y ahora, el gobierno romano lo tiene exiliado en la isla de Patmos. Imaginémoslo en la playa. Ha venido aquí a adorar. El viento sacude las aneas y las olas golpean contra la arena y Juan no ve otra cosa sino agua, un océano que lo separa del hogar. Pero ninguna cantidad de agua podría separarlo de Cristo.

«Yo estaba en el Espíritu en el día del Señor, y oí detrás de mí una gran voz como de trompeta que decía: Yo soy el Alfa y la Omega, el primero y el último. Escribe en un libro lo que ves, y envíalo a las siete iglesias que están en Asia: a Éfeso, Esmirna, Pérgamo, Tiatira, Sardis, Filadelfia y Laodicea» (Ap 1.10-11).

Juan está a punto de ver a Jesús. Por supuesto esta no es la primera vez en que verá a su Salvador.

Basta que tú y yo leamos de las manos que alimentaron a miles. No fueron las de Juan. Juan las vio: dedos cansados, palmas encallecidas. Él las vio. Basta que tú y yo leamos de los pies que anduvieron sobre las olas del mar. No fueron los de Juan. Juan los vio: calzados con sandalias, cubiertos de polvo. Basta con que tú y yo miremos sus ojos: brillantes, fieros, llorosos. No son los de Juan. Juan los vio. Ojos que saben mirar a las multitudes, que saben reír y que saben buscar a las almas. Juan había visto a Jesús.

Durante tres años había seguido a Jesús. Pero este encuentro era completamente diferente a cualquiera que hayan tenido en Galilea. La imagen era tan vívida, la impresión tan poderosa, que Juan quedó frío. «Cuando le vi, caí como muerto a sus pies» (Ap 1.17).

Así describe el encuentro:

> Y me volví para ver la voz que hablaba conmigo; y vuelto, vi siete candeleros de oro, y en medio de los siete candeleros de oro, a uno semejante al Hijo del Hombre, vestido de una ropa que llegaba hasta los pies, y ceñido por el pecho con un cinto de oro. Su cabeza y sus cabellos eran blancos como blanca lana, como nieve; sus ojos como llama de fuego; y sus pies semejantes al bronce bruñido, refulgente como en un horno; y su voz como estruendo de muchas aguas. Tenía en su diestra siete estrellas; de su boca salía una espada aguda de dos filos; y su rostro era como el sol cuando resplandece en su fuerza. Cuando le vi, caí como muerto a sus pies. Y Él puso su diestra sobre mí, diciéndome: No temas (Ap 1.12-17).

Si te sientes impresionado por lo que acabas de leer, no eres el único. El mundo de Apocalipsis no puede ser envasado o explicado, sino solamente examinado. Y Juan nos da una visión para examinar, una visión de Cristo que viene a ti desde todos los ángulos. Espadas y pies de bronce y cabello blanco y luz del sol.

¿Qué tenemos que hacer con una imagen como esta?

Primero, recordar que lo que Juan escribió no es lo que vio. Lo que escribió es *como* lo que vio. Pero lo que vio fue tan sobrecogedor que no tuvo palabras para describirlo.

En consecuencia, se sumerge dentro del closet donde guarda las metáforas y sale con una carga de cuadros en palabras. ¿Te diste cuenta la frecuencia con que Juan usa la palabra *como*? Describe el pelo como lana, los ojos como fuego, los pies como el bronce, y una voz como el torrente de aguas, y luego ve a Jesús como el brillo del sol cuando resplandece con más fuerza. La implicación es clara. La lengua humana es inadecuada para describir a Cristo. Por eso, en su esfuerzo por describirnos lo que veía, Juan nos entrega símbolos. Símbolos originalmente dirigidos a los miembros de las siete iglesias en Asia.

Para que podamos comprender el pasaje debemos entender los símbolos, de la misma manera que los lectores originales los entendieron.

Entre paréntesis, la estrategia de Juan no es extraña. Nosotros hacemos lo mismo. Si abres el periódico en la página editorial y ves a un burro hablándole a un elefante, sabes qué significa, ¿verdad? No son caricaturas que tengan que ver con un zoológico, sino que son caricaturas de carácter político. (Aunque a veces parecieran relacionarse con un zoológico). Conoces el simbolismo detrás de las imágenes. Y para poder entender la visión de Juan, debemos hacer lo mismo. Y al hacerlo, al empezar a interpretar las imágenes, podamos empezar a vislumbrar lo que veremos cuando veamos a Cristo. Sigamos un poco más adelante.

¿Qué veremos cuando veamos a Cristo?

Veremos al sacerdote perfecto. «Vestido de una ropa que llegaba hasta los pies, y ceñido por el pecho con un cinto de oro» (v. 13). Los primeros lectores de este mensaje conocían la importancia de la túnica y del cinto. Jesús está vistiendo la ropa de un sacerdote. Un sacerdote presenta al pueblo a Dios y a Dios al pueblo.

Tú has conocido a otros sacerdotes. En tu vida ha habido otros, sean clérigos o no, que trataron de llevarte a Dios. Pero ellos también necesitaron un sacerdote. Algunos necesitaban uno más de lo que lo necesitabas tú. Ellos, como tú, eran pecadores. No es el caso de Jesús. «Porque tal sumo sacerdote nos convenía: santo, inocente, sin mancha, apartado de los pecadores, y hecho más sublime que los cielos» (Heb 7.26).

Jesús es el sacerdote perfecto.

Él también es puro y purificador. «Su cabeza y sus cabellos eran blancos como blanca lana, como nieve; sus ojos como llama de fuego» (Ap 1.14).

¿Cómo debería lucir una persona que nunca ha pecado? ¿Si la preocupación no lo hace arquear las cejas ni el enojo ensombrece sus ojos? ¿Si la amargura no lo hace vociferar y el egoísmo no le hace sonreír forzadamente? ¿Cómo debería verse una persona que jamás haya pecado? Lo sabremos cuando veamos a Jesús. Lo que Juan vio aquel domingo en Patmos fue absolutamente inmaculado. Le hizo recordar la lana virgen de la oveja y el copo de nieve del invierno.

Y también pensó en el fuego. Otros habían visto la zarza ardiendo, el altar quemado, el horno recalentado o los carros de fuego, pero Juan vio ojos como llamas. Y en esos ojos vio una llama purificadora la cual quemaría la bacteria del pecado y purificaría el alma.

Un sacerdote; cabello blanco, puro como la nieve y rojo-blanco. (Ya hemos visto esto en galileos tostados por el viento y el sol.) Las imágenes continúan.

Cuando vemos a Jesús lo vemos absolutamente fuerte. «Sus pies eran como bronce bruñido y refulgentes como en un horno» (v. 15).

La audiencia de Juan conocía el valor de este metal. Eugene Peterson nos ayuda a los que no lo conocemos con la siguiente explicación:

> El bronce es una combinación de hierro y cobre. El hierro es fuerte pero se corroe. El cobre no se enmohece pero es flexible. Combinados ambos producen el bronce y la mejor cualidad de cada uno se conserva: la dureza del hierro y la duración del cobre. La regla de Cristo descansa sobre esta base: el fundamento de su poder es probado por el fuego.[2]

Todos los poderes vienen a menos. El hombre musculoso en las revistas, los automóviles en las pistas de carrera, los ejércitos en los libros de historia. Han tenido su fuerza y han tenido su día, pero todo eso ha pasado. Sin embargo, la fuerza de Jesús nunca decaerá. Nunca. Cuando lo veas, verás, por primera vez, lo que es la verdadera fuerza.

Hasta aquí, Juan ha descrito lo que ha visto. Ahora nos dice lo que oye. Nos habla del sonido de la voz de Jesús. No las palabras, sino el sonido, el tono, el timbre. El sonido de una voz puede ser más importante que las palabras de una voz. Yo puedo decir: «Te amo», pero si lo hago con un gruñido obligado, no te vas a sentir amado. ¿Te has preguntado alguna vez cómo te sentirías si Jesús te hablara? Juan se sintió como si estuviera junto a una cascada: «Su voz como estruendo de muchas aguas» (v. 15).

El sonido de un río corriendo a través de la floresta no es un sonido tímido. Es el telón de fondo de todos los otros sonidos. Aun cuando la naturaleza duerma, el río habla. Lo mismo ocurre con Jesús. En el cielo su voz se oye siempre. Una presencia firme, tranquila, imponente.

En sus manos hay siete estrellas. «Tenía en su diestra siete estrellas» (v. 16). Más adelante leemos que «las siete estrellas son los

2 Eugene Peterson, *Reversed Thunder*, Harper SanFrancisco, San Francisco, 1988, pp. 36-37.

dividió cuando Dios extendió su mano derecha (Éx 15.12), la mano derecha de Dios nos sostiene (Sal 18.35) y Jesús está a la mano derecha de Dios intercediendo por nosotros (Ro 8.34). La mano derecha describe acción. ¿Y qué ve Juan a la mano derecha de Cristo? Los ángeles de las iglesias. Como un soldado listo con su espada o como un carpintero que agarra con firmeza el martillo, Jesús protege a los ángeles, listos para enviarlos a proteger a su pueblo.

¡Cuán reconfortante es esta confianza! ¡Qué bueno es saber que el Hijo del Hombre, puro, fogoso, de pies de bronce tiene una prioridad: la protección de las iglesias. Las sostiene en la palma de su mano derecha. Y las dirige con la espada de su palabra: «Y de su boca salía una espada aguda de dos filos» (v. 6).

El sonido de su voz trae paz al alma, pero la verdad de su voz horada el alma. «Porque la palabra de Dios es viva y eficaz, y más cortante que toda espada de dos filos; y penetra hasta partir el alma y el espíritu, las coyunturas y los tuétanos, y discierne los pensamientos y las intenciones del corazón. Y no hay cosa creada que no sea manifiesta en su presencia» (Heb 4.12-13).

No más adivinanzas. No más juegos. No más verdades a medias. El cielo es una tierra honesta. Es una tierra donde las sombras desaparecen ante la faz de Cristo. «Y su rostro era como el sol cuando resplandece en su fuerza» (Ap 1.16).

¿Qué tenemos que hacer con un cuadro así? ¿Cómo vamos a asimilar estas imágenes? ¿Las vamos a combinar en un lienzo y tomarlas como un retrato de Jesús? No lo creo. No creo que el fin de esta visión sea decirnos cómo se ve Jesús, sino quién es Jesús:

El sacerdote perfecto
El puro y santo
La fuente de todo poder
La pureza del amor
La luz eterna.

¿Y qué va a ocurrir cuando veas a Jesús?

Verás pureza intachable y fortaleza indeclinable. Sentirás su presencia infinita y conocerás su protección irrefrenable. Y todo lo que Él es lo serás tú, porque serás como Jesús. ¿No es esa la promesa de Juan? «Sabemos que cuando Cristo venga otra vez, seremos como Él es, porque lo veremos tal como Él es» (1 Jn 3.2).

Como serás puro cual la nieve, nunca volverás a pecar.

Como serás fuerte como el bronce, nunca volverás a flaquear.

Como vas a vivir cerca del río, nunca volverás a sentir la soledad.

Como la obra del sacerdote habrá concluido, nunca volverás a dudar.

Cuando Cristo venga, vivirás en la luz de Dios. Y lo verás como realmente es.

Capítulo 13

Cruzar el umbral

Un día de celebración sin fin

Yo prometí daros a Cristo, como su solo esposo.
A vos quiero daros como su novia pura.
2 Corintios 11.2

La historia del príncipe y su novia campesina. El romance más intrigante que haya ocurrido jamás. Su atracción a él es imposible. Él, el príncipe majestuoso. Ella, la campesina común y corriente. Él, incomparable. Ella, rústica. No es fea, pero no puede ser. Ella tiende a ser hosca y agria, aun caprichosa. No es la clase de alma con la que te gustaría vivir.

Pero según el príncipe, ella es el alma sin la cual él no puede vivir. Le pide la mano. Sobre el rústico piso de la cabaña de la campesina, él dobla la rodilla, toma su mano y le pide que sea su esposa. Aun los ángeles se inclinan para oír su «Sí» susurrante.

«Pronto volveré por ti», le promete Él.

«Te estaré esperando», le promete ella.

Nadie se extraña de que el príncipe tenga que irse. Él es, al fin y al cabo, el hijo del rey. Seguramente tiene que hacer algo relacionado con el reino. Lo extraño no es su partida, sino la conducta de ella durante su ausencia. ¡Se le olvida que está comprometida!

Todos creeríamos que ella no podría pensar en otra cosa que no fuera la boda, pero no es así. Todos creeríamos que ese día sería su único tema de conversación, pero no es así. Algunos de sus amigos jamás la han oído hablar de ese acontecimiento. Pasan los días y las semanas, y no se habla para nada de su retorno. Sí, ha habido tiempos, ¡qué barbaridad!, cuando se le ha visto traveseando con los hombres del pueblo. Flirteando. Cuchicheando. A plena luz del día. Y si eso ha sido en el día, ¿cómo será su comportamiento en la oscuridad de la noche?

¿Es ella rebelde? Quizás. Pero lo más probable es que sea olvidadiza. Se olvida que está comprometida. Esa no es excusa, dices tú. Sí, tendría que estar pensando siempre en su regreso. ¿Cómo una campesina podría olvidarse de su príncipe? ¿Cómo una novia podría olvidarse de su novio?

Buenas preguntas. ¿Y nosotros? La historia del príncipe y la campesina no es una fábula antigua. No es una historia acerca de ellos, sino un cuadro de lo que somos nosotros. ¿No somos nosotros la novia de Cristo? ¿No hemos sido separados «como una novia pura para un solo esposo? (2 Co 11.2). ¿No nos ha dicho Dios: «Te desposaré conmigo para siempre»? (Os 2.19).

Estamos comprometidos con nuestro hacedor. Nosotros, los campesinos, hemos oído la promesa del príncipe. Él llegó a nuestro pueblo, tomó nuestra mano y nos robó el corazón. Sí, incluso los ángeles inclinaron su oído para escuchar nuestro «Sí».

Y los mismos ángeles deben de haber quedado perplejos ante nuestra conducta. Porque no siempre actuamos como comprometidos, ¿no es así? Pasarán días, e incluso semanas, sin que digamos una palabra sobre nuestra boda. Sí, algunos de los que nos conocen bien ni siquiera saben que el príncipe ya viene.

¿Dónde está el problema? ¿Somos rebeldes? En un sentido sí, pero más creo que somos olvidadizos. Amnésicos.

La semana pasada me detuve en una tienda que vende vitaminas. Le pedí al vendedor que me mostrara algunas. Me mostró un frasco que me pareció familiar. Era un frasco de «gingko». Solo algunos días antes mi mamá me había dicho que había estado tomando «gingko» para la memoria. Sabía que había oído de esa vitamina, pero no me acordaba dónde. ¿Te imaginas qué le dije al vendedor? Indicando hacia donde estaba el frasco, le dije: «Ayúdeme a recordar para qué sirve eso». (Me dio un descuento.)

Olvidar para qué sirve el «gingko» es una cosa. Pero olvidar nuestro compromiso con Cristo es otra. ¡Necesitamos recordar! ¿Me permites ofrecerte un incentivo?

Tú le has robado el corazón a Dios.

La primera vez que fui testigo del poder de una proposición matrimonial fue cuando estaba en la universidad. En mi clase había una muchacha que se comprometió. No recuerdo mucho de la clase, solo que la teníamos muy temprano y el profesor era aburridísimo. (A menudo los doctores aplicaban somníferos a sus clases a modo de tratamiento.) No he podido volver a acordarme del nombre de la muchacha, pero sí recuerdo que era tímida e insegura de sí misma. No se destacaba entre los demás y parecía que eso le gustaba. No se maquillaba, no sabía vestirse con gracia. Era, para decirlo en dos palabras, una ordinaria.

Un día, sin embargo, todo eso empezó a cambiar. Cambió el peinado. Cambió su forma de vestir. Incluso su voz cambió. Empezó a hablar. Y a hablar con confianza. ¿Qué había hecho la diferencia?

Sencillamente, alguien la había escogido a ella. Un joven a quien ella amaba le había dicho, mirándola cerquitita, directo a los ojos: «Quiero que compartas tu vida para siempre conmigo». ¡Anda! Su vida cambió a partir de ese momento. La propuesta la transformó en una bomba. El amor la hizo quererse a sí misma. El amor le dijo que había algo por lo que valía la pena vivir.

El amor de Dios puede hacer lo mismo en nosotros. Nosotros, como la muchacha de la historia, nos creemos muy poca cosa. Somos inseguros. Dudamos de todo. Pero la propuesta de matrimonio del príncipe cambia todo eso.

¿Quieres un remedio para la inseguridad? ¿Un jarabe contra el mal de la duda? Piensa en estas palabras escritas para ti:

> Prendiste mi corazón, hermana, esposa mía; has apresado mi corazón con uno de tus ojos; con una gargantilla de tu cuello. ¡Cuán hermosos son tus amores, hermana, esposa mía! ¡Cuánto mejores que el vino tus amores, y el olor de tus ungüentos que todas las especias aromáticas... Huerto cerrado eres, hermana mía, esposa mía; fuente cerrada, fuente sellada (Cantar de los Cantares 4.9-10,12).

¿Te suena extraño este lenguaje? ¿Crees que es un poco irreverente pensar en Dios como un amante enamorado? ¿Te parece torpe pensar en Jesús como un pretendiente embriagado de amor? Si es así, ¿de qué otra manera podrías explicar sus acciones? ¿Tiene lógica poner a Dios en un pesebre? ¿Tiene sentido clavarlo en una cruz? ¿Vino Jesús a la tierra guiado por una ley de ciencia natural? No, Él vino como un príncipe con sus ojos puestos sobre la doncella, listo a combatir con el mismo dragón de ser el caso para ganar su mano.

Y eso es exactamente lo que ocurrió. Libró una batalla con el dragón del infierno. Él ha dicho: «Con amor eterno te he amado; por tanto, te prolongué mi misericordia» (Jer 31.3).

Mientras escribía este capítulo, recibí una llamada telefónica de un hombre que pedía consejo respecto a su amada. El pobre no sabía qué hacer.

Sus trabajos los tenían en diferentes ciudades y su opinión acerca de la relación que llevaban los tenía en dos páginas diferentes. Él estaba listo para casarse; ella estaba lista para dejarlo en cualquier momento. Me habría gustado que hubieras oído la emoción en su voz. «Creo que podría vivir sin ella», me dijo. «Pero no quiero».

No hay duda que Jesús puede vivir sin nosotros, pero no quiere hacerlo. Él ama a su novia.

¿Te has fijado en la forma en que un novio mira a su novia durante la ceremonia de casamiento? Yo sí. Quizás es la ventaja que tengo respecto de ti. Porque cuando oficio la ceremonia, estoy muy cerca del novio. En un sentido, uno al lado del otro, Él entrando en el matrimonio, y yo facilitándoselo. Antes de llegar al altar, he estado con él por unos momentos «fuera de escena» observándolo cómo se acomoda el cuello una y otra vez y se seca el sudor. Sus amigos le recuerdan que todavía tiene tiempo de escapar, y siempre hay una mirada medio seria en sus ojos que sugiere que podría hacerlo. Como ministro, soy el que le doy la orden de caminar hacia el altar. Él me sigue mientras yo entro en la capilla. Parece un criminal caminando hacia el patíbulo. Pero todo cambia cuando aparece ella. Y la mirada que advierto en su rostro es mi escena favorita de toda la ceremonia.

La mayoría no la capta. Y no la capta porque la mayoría la está mirando a ella. Pero cuando otros ojos están puestos sobre la novia, yo dirijo mi vista al novio. Si la luz le da en el ángulo correcto, puedo ver un pequeño reflejo en sus ojos. Es ella reflejándose en los ojos de él. Y eso le recuerda por qué está ahí. Su mandíbula se suelta y su sonrisa forzada se suaviza. Se olvida que está metido dentro de un incómodo esmoquin. Y se olvida del sudor que le moja la camisa. Se olvida de la apuesta que hizo de que no vomitaría. Cuando la ve, cualquier peregrino pensamiento que hubiera tenido de salir huyendo le vuelve a parecer un chiste. Sobre su rostro se lee claramente: «¿Quién podría vivir sin esta novia?»

Y tales son, precisamente, los sentimientos de Jesús. Mira a los ojos de nuestro Salvador y allí, también, verás una novia. Vestida de lino fino. Cubierta de gracia pura. Desde la corona en su cabeza hasta las nubes en sus pies, se puede ver su realeza; es la princesa. Es la novia. Su novia. Camina hacia donde está Él. Todavía no está con Él. Pero lo ve, Él la ve a ella y la espera ansioso.

«¿Quién podría vivir sin ella?» escuchas que susurra.

¿Y quién es esta novia? ¿Quién es esta belleza que ocupa el corazón de Jesús?

No es la naturaleza. Él ama a su creación y la creación gime por estar con Él, pero Él nunca llamaría a la creación su novia.

No son sus ángeles. Sus ángeles están siempre presentes para adorarle y servirle, pero él nunca diría que esos seres celestiales son su novia.

¿Entonces quién? ¿Quién es la novia a quien Jesús habla y por quien Jesús suspira? ¿Quién es esta doncella que ha capturado el corazón del hijo de Dios?

Eres tú. Tú has capturado el corazón de Dios. «Como el gozo del esposo con la esposa, así se gozará contigo el Dios tuyo» (Is 62.5).

El desafío es recordarlo. Meditarlo. No perderlo de vista. Permitir que su amor cambie la forma en que te ves.

¿Te ha ocurrido alguna vez que has pasado inadvertido? Ropa y estilo nuevos ayudan por un tiempo. Pero si quieres un cambio permanente, aprende a verte como te ve Dios: «Me vistió con vestiduras de salvación, me rodeó de manto de justicia, como a novio me atavió, y como a novia adornada con sus joyas» (Is 61.10).

¿Has sufrido alguna vez de baja autoestima? Si tu respuesta es sí, recuerda lo que sentías. «Sabiendo que fuisteis rescatados de vuestra vana manera de vivir, la cual recibisteis de vuestros padres, no con cosas corruptibles, como oro o plata, sino con la sangre preciosa de Cristo, como de un cordero sin mancha y sin contaminación» (Is 61.10).

¿Te preocupa la posibilidad de que el amor se termine? No te preocupes. «Él nos amó a nosotros, y envió a su Hijo en propiciación por nuestros pecados» (1 Jn 4.10).

¿Aún te sientes como si no valieras nada?

Mira los regalos que Él te ha dado: Ha enviado a sus ángeles para que te cuiden, a su Espíritu Santo para que viva en ti, a su Iglesia para que te aliente, y su Palabra para que te guíe. Tú tienes privilegios que solo un prometido puede tener. Cada vez que hablas, Él escucha; pides algo y Él te responde. Nunca dejará que seas tentado demasiado. Cuando una lágrima corre por tu mejilla, Él se apresura a enjugarla. Deja que tus labios pronuncien un soneto de amor y Él estará ahí para oírlo. Si tú quieres verlo a Él, Él mucho más te quiere ver a ti.

Está construyendo una casa para ti. Y con cada golpe de martillo y corte de serrucho, Él sueña con el día cuando te lleve en sus brazos y traspase el umbral contigo. «En la casa de mi Padre muchas moradas hay; si así no fuera, yo os lo hubiera dicho; voy, pues, a preparar lugar para vosotros. Y si me fuere y os preparare lugar, vendré otra vez, y os tomaré a mí mismo, para que donde yo estoy, vosotros también estéis» (Jn 14.2-3).

Tú has sido escogido por Cristo. Has sido liberado de tu vieja vida en tu vieja casa, y Él te ha reclamado como su amado. «¿Entonces, dónde está Él?», quizás preguntes. «¿Por qué no ha venido?»

Hay solo una respuesta. Su novia aun no está lista. Aun está preparándose.

La gente que se va a casar está obsesionada con los preparativos. Que el vestido. Que el peso. Que el peinado y el esmoquin. Todo debe estar en orden. ¿Por qué? ¿Porque su prometido se va a casar con esas cosas? No. Todo lo contrario. Ellos quieren lucir de lo mejor *porque* su prometido se está casando con ellos.

Lo mismo es válido para nosotros. Queremos lucir de lo mejor para Cristo. Queremos que nuestros corazones sean puros y nuestros pensamientos sean limpios. Queremos que nuestros rostros brillen con gracia y nuestros ojos centelleen de amor. Queremos estar preparados.

¿Por qué? ¿Porque tenemos la esperanza que nos ame? No. Todo lo contrario. Porque ya nos ama.

Se te ha declarado. Estás comprometido, separado, llamado, una novia santa. Las aguas prohibidas no tienen nada para ti. Tú has sido elegido para su castillo. No es pasar una noche en brazos de un extraño.

Preocúpate de la fecha de tu boda. Cuidado con olvidarla. Sé intolerante con los lapsus mentales. Escríbete notas. Memoriza versículos. Haz lo que sea para recordar. «Buscad las cosas de arriba. Poned la mira en las cosas de arriba» (Col 3.1-2). Tú estás comprometido con la realeza, y tu Príncipe ya viene para llevarte a tu hogar.

Cuando Cristo venga

Guía de Estudio

Preparado por Steve Halliday

Cuando se trata de animales, nuestra casa es un zoológico. No creo que haya otros que tengan las mismas extrañas experiencias que nosotros. Tenemos un pájaro que entra a la casa por un hueco en la chimenea y que va a picotear justo en la pared del dormitorio. Otro se acerca a la ventana volando suavemente. Por una semana nos olvidamos de darle alimento a un pececito dorado, y sobrevivió. Dejamos a un inquieto conejillo en la parte de atrás del patio, y de las plantas que había allí, no quedó nada. Parece que nosotros no tenemos otra cosa que hacer que compartir episodios de animales. De hecho, a veces me pregunto si Dios no los ha puesto en nuestro camino para que yo pueda sacar de ellos mis ilustraciones.

Eso pensé la semana pasada cuando me las tuve que ver con Fred. Fred es uno de dos hámsters que viven bajo el dominio de Sara, nuestra hija de nueve años. Ella lo dejó correr a su antojo por sobre el teclado del piano. Me pregunté qué habría dicho mi esposa Denalyn de haber estado en casa. Yo me encontraba atendiendo los asuntos del hogar cómodamente instalado en una poltrona. El pequeño roedor no estaba haciendo ningún daño; más bien parecía divertirse. Todos lo estábamos. Sara y yo gozábamos con las carreras de Fred. Le estaba dando un nuevo sentido a aquello de «aporrear las teclas». Pero después de varios estrellones del pobre, los tres estábamos algo cansados. Entonces Sara tomó a Fred y lo puso en el atril del piano. Cerré los ojos y Sara, solo por un momento, se alejó unos pasos. Era todo lo que necesitaba Fred para complicarlo todo.

Para entender lo que pasó a continuación, necesitas saber que nuestro piano es una de esas versiones horizontales. Si hubiese sido de aquel otro tipo vertical, Fred habría estado a salvo. Si la tapa hubiese estado cerrada, a Fred no le habría pasado nada. Pero la tapa estaba abierta y Sara estaba distraída y yo estaba medio dormido cuando Fred decidió caminar por el borde.

Abrí los ojos justo a tiempo para ver a Fred cuando caía en medio de aquel mar de cuerdas, clavijas y macillos. Sara y yo entramos de inmediato en acción, pero era demasiado tarde. Nuestro pequeño no solo estaba dentro del instrumento, sino enredado en las cuerdas. Vimos su espalda peluda aprisionada y cómo el pobre tiraba hacia todos lados tratando de zafarse y escapar.

Pero Fred estaba atrapado.

Y nosotros estábamos asustados. ¿Cómo sacar a un hámster de adentro de un piano? Intentamos de varias maneras.

Tratamos de empujarlo. Metimos los dedos por entre las cuerdas, y así tratamos de llevarlo hasta el lugar donde podría salir. No funcionó. Él corrió en la dirección opuesta y desapareció tras una esquina. Buscamos una lámpara y alumbramos dentro del piano, pero no pudimos verlo.

Hicimos lo mismo con una linterna, y nada. Empujarlo no dio resultado.

Entonces tratamos de sacarlo de su escondite llamándolo. Usamos todas las formas posibles.

La voz de una invitación a comer: «Fred, ¿quieres venir?»

La voz de un amigo: «Vamos, viejo, déjame verte».

La voz de una madre: «Freddie, mi regaloncito. ¿Dónde está mi amor?»

E incluso una voz de mando: «¡Fred, sal de ahí!»

Fracaso completo. Empujarlo no había servido. Llamarlo, tampoco. Entonces se nos ocurrió otra idea. ¿Qué tal un poco de música de piano? Teníamos que hacerlo con mucho cuidado; ciertas canciones podrían ser peligrosas. Una marcha de John Philip Sousa por ejemplo, lo dejaría fuera de combate en un dos por tres. Tendría que ser algo delicado, apenas acariciando las teclas y luego silencio para tratar de oír su tímido caminar. Tocamos algo. Escuchamos y no oímos nada. Tocamos otro poco y escuchamos. De nuevo nada. Optamos por algunas melodías más elaboradas. Pensamos que «Tres cerditos desobedientes» lo haría ser obediente. O, quizá: «Te tengo atrapado en mis cuerdas». Incluso intentamos con una variación de «Papá, tírale al hámster». Pero no cogió ninguno de estos mensajes. Sencillamente no quería salir de su escondite.

Nos quedaba solo una alternativa. Teníamos que (*¡gulp!*) desarmar el piano. Estoy seguro que algunos de ustedes habrían acometido la tarea con alegría. Yo no. Mis manos no sirven para tales tareas. Me cuesta abrir una bolsa de pan, mucho menos podría abrir un piano. Pero Fred, el hámster, estaba en peligro. ¿Cómo podríamos dejarlo atrapado allí? Así es que me conseguí un destornillador y busqué por dónde empezar.

No encontré nada que me pareciera el punto ideal. No había por dónde meter el destornillador. El teclado no tenía tornillos. Pensé en empezar por quitar los pedales, pero supuse que aquello no ayudaría mucho.

Así es que, de nuevo, estábamos atrapados. Todos, sin excepción, estábamos atrapados. A Fred se le acababa el aire y a nosotros las soluciones. Todo lo que podíamos hacer a estas alturas era orar para que el pobre pudiera sobrevivir una noche y a la mañana siguiente llamar a un afinador que hiciera el trabajo por nosotros. Sin embargo, me preocupaba cómo explicárselo al afinador. («No, el piano suena bien, el problema es que tenemos un hámster que se nos está metiendo en la música.)

Fue cuando nos sentamos a descansar un rato cuando me pregunté: *¿Le ocurrirán estas cosas a otras familias? ¿O es que Dios sabe que necesito una conclusión para el libro?*

Si es así, entonces me estaba dando una muy buena con Fred. Tú y yo tenemos mucho en común con la mascota de Sara. Como Fred, nos caemos. Y, como Fred, nos sentimos atrapados. Atrapados, no por las cuerdas de un piano, sino por la sensación de culpabilidad, la ansiedad y el orgullo. Este es un lugar extraño y que infunde pavor. Nunca pensamos que caeríamos allí. De alguna manera nunca pensamos que estaríamos tan lejos de la mano de nuestro Maestro. Y no sabemos cómo salir.

Pero Dios sí sabe cómo. Él no está asustado, sino que quiere que sepamos que pronto vendrá para llevarnos a casa. ¿No es esta la última declaración de la Biblia? «Ciertamente vengo en breve» (Ap 22.20). ¿Pero estamos poniendo atención? Algunos sí, pero otros de nosotros, como Fred, somos un poco lentos para reaccionar. Afortunadamente, Dios nos entiende. Y Él actúa con creatividad.

Nos empuja. Mediante los dedos de las circunstancias y situaciones, trata de que miremos arriba. Pero nosotros, al igual que Fred, nos acurrucamos en una esquina.

Él nos llama. A veces con un susurro. Otras veces a gritos. Pero nosotros no siempre respondemos.

Entonces, echa mano a un poco de música. Dedos divinos tocan el teclado del universo. Y suenan las sinfonías diarias de los amaneceres y los anocheceres. Águilas que se remontan por los aires y olas que acarician las playas. Todo, para llamar nuestra atención. Pero muchos de nosotros seguimos en la esquina.

Incluso Dios ha intentado un pequeño desmantelamiento. ¿Aquellos momentos cuando parece que nuestro mundo se viene al suelo a pedazos? Dios ha usado su destornillador para sacudir las cosas un poquito no porque no nos ame sino todo lo contrario, porque nos ama tremendamente. Y Él hará cualquiera cosa con tal de rescatar a sus hijos.

Aun si eso significa hacerse uno de nosotros para entrar en nuestro mundo.

Así les dije, bromeando, a las niñas. Después que intentamos todos los métodos posibles, les dije: «Bueno, uno de nosotros tendrá que hacerse un hámster, entrar allá y sacarlo».

Por supuesto ni siquiera podríamos empezar a hacer tal cosa. ¿Pero te imaginas si pudiéramos? ¿Te imaginas llegar a ser como Fred? Panza redonda, piernas cortas y pelos por todo el cuerpo? (Algunas de ustedes quizás piense que estoy describiendo a su marido.) ¿Dejar tu mundo maravilloso y cambiarlo por el suyo? No podemos imaginarnos tal cosa. Pero Dios pudo, y lo hizo. Y la transformación de humano a hámster no es nada comparable a la distancia que hay entre el cielo y la tierra. Dios se hizo un bebé. Y entró al mundo no de cuerdas y clavijas y macillos de un piano, sino a un mundo de problemas y angustias.

«El Verbo se hizo carne y vivió entre nosotros. Lleno de gracia y de bondad» (Jn 1.14).

La palabra operativa del versículo es *entre*. Él vivió *entre* nosotros y se vistió de la más costosa de las túnicas: el cuerpo humano. Hizo de un pesebre su trono y de algunos pastores su corte real. Tomó un nombre corriente, Jesús, y lo santificó. Tomó a un pueblo común y corriente y también lo hizo santo. Pudo haber vivido por encima o muy lejos de nosotros. Pero no lo hizo, sino que vivió *entre* nosotros.

Se hizo amigo de los pecadores y hermano del pobre. Tocó sus heridas y sintió sus lágrimas y pagó por sus errores. Entró en una tumba y salió y dijo que nosotros haríamos lo mismo. Y a todos nosotros, a todos los Fred asustados de este mundo, nos dio el mismo mensaje: «No se turbe vuestro corazón ni tenga miedo; creéis en Dios, creed también en mí... Vendré otra vez, y os tomaré a mí mismo, para que donde yo estoy, vosotros también estéis» (Jn 14.1, 3).

¿Y cómo vamos a responder nosotros?

Algunos dicen que Él no existe. Ponen toda su atención en una romanza para piano solo y no se interesan por el Maestro.

Otros oyen de Él, pero no creen en Él. No es fácil creer que Dios va a llegar hasta aquí para llevarnos a casa.

Pero entonces, unos pocos deciden arriesgarse. Dejan su esquina y salen afuera. Cada día miran al cielo. Como Simeón: «esperan» y «anhelan» el día cuando Cristo vuelva (2 P 3.11). Ellos saben que hay más para vivir que el interior de un piano, y quieren estar listos cuando Cristo llegue.

¿Te cuentas entre los que buscan? Vives con un oído en la trompeta y un ojo en las nubes. Y estás listo cuando Él pronuncie tu nombre.

Oh. Seguramente querrás saber qué ocurrió con Fred. Bueno, por fin decidió salir del lugar en el que había caído. Miró hacia arriba. Y cuando lo hizo, Sara estaba allí. Alzó su cabeza lo suficiente como para que ella lo alcanzara y lo sacara.

Que es exactamente lo que Dios hará con nosotros. Tú mirarás arriba, y Él te alcanzará para llevarte a casa...

cuando Cristo venga.

Con un oído en la trompeta

Cuando Cristo venga

Una mirada atrás

1. ¿Cuál sería tu reacción a la descripción de Max sobre el regreso de Cristo? ¿Cuál crees que sería tu reacción si realmente presenciaras el regreso de Cristo?

2. Si tuvieras que resumir en una sola palabra tus emociones sobre el regreso de Cristo, ¿qué palabra usarías? ¿Incomodidad? ¿Negación? ¿Disgusto? ¿Obsesión? ¿Gozo?

3. ¿Qué es lo que crees que Max está diciendo cuando escribe: «Algunos leerán solo algunas líneas sobre la descripción introductoria del regreso de Cristo y ya se habrán formado una opinión que pueden resumir en una frase». ¿Te formaste *tú* una opinión? Si es así, explícalo.

Una mirada adelante

1. Lee Juan 14.1-3. ¿Cuál es el propósito principal de Jesús al hablarnos sobre su regreso?

2. Lee Mateo 24.30-31. ¿Cómo describe Jesús su regreso?

Una mirada adentro

1. ¿Cuándo fue la última vez que pensaste en el regreso de Jesús? ¿Cómo afectó este pensamiento el resto de tu día?

2. Mientras lees *Cuando Cristo venga* piensa en la necesidad de

empezar tu propio estudio bíblico sobre el regreso de Cristo, pensando especialmente en los efectos que tal estudio puede llegar a tener en el día presente.

1
«Confíen en mí»

Una mirada atrás

1. «No queremos que nuestros hijos se compliquen con los detalles»

    A. ¿Por qué no queremos que nuestros hijos se compliquen con los detalles? ¿Qué podría pasar si ocurriese tal cosa?

    B. ¿Cómo se aplica esta idea a nuestra relación con Dios?

2. «Confíen en mí» es una recordación saludable cuando anticipamos el regreso de Cristo. Para muchos, el verbo *confiar* no se asocia fácilmente con su venida».

    A. ¿Qué quiere decir Max con «Confíen en mí»?

    B. ¿Por qué muchas personas tienen problemas al relacionar «confiar» con la venida de Cristo? ¿Es problema para *ti*? Explica.

3. «Que no nos atormente el pensar en el regreso de Cristo. No nos pongamos ansiosos por las cosas que no podemos entender. Asuntos como el milenio y el anticristo pueden despertar nuestro interés e incluso forzarnos a pensar, pero no deben abrumarnos ni menos dividirnos. Para el cristiano, el regreso de Cristo no es un acertijo que tenemos que resolver ni una incógnita que hay que despejar, sino más bien es un día que debemos anticipar».

A. ¿Cómo algo que no podemos comprender completamente puede ser un «reto y una inspiración para nosotros»?

B. ¿Cómo tales cosas pueden llegar a «abrumarnos» o «dividirnos»?

C. ¿Cómo podemos cuidarnos para que tales cosas no nos abrumen ni dividan?

4. Max describe tres verdades que Jesús nos dio para evitar que nos angustiemos:

- «Tengo espacio de más».
- «He preparado un lugar para ti».
- «Estoy hablando en serio».

A. ¿En qué sentido son importantes para ti estas tres verdades? ¿Cómo pueden ayudarnos a que no nos angustiemos?

B. ¿Cuál de estas tres verdades es más importante para ti? «Y por qué?

Una mirada adelante

1. Lee Juan 14.1-3.

A. Sobre la base de día a día, ¿cómo tú «confías en Dios»? ¿Cómo podrías describirlo?

B. Según el versículo 3, ¿cuál es la razón fundamental para el regreso de Cristo?

2. Lee 1 Tesalonicenses 1.9-10.

A. ¿Qué hicieron los tesalonicenses cuando vinieron a Cristo?

¿De qué manera son ellos un ejemplo para nosotros?

B. ¿En qué manera activa esperas tú el regreso de Cristo?

3. Lee Hebreos 10.23-25.

A. «El día» que el autor menciona en el versículo 25 es el día cuando Cristo regrese a la tierra. ¿Cómo dice Él que debemos comportarnos hasta entonces? Desde la perspectiva del escritor de Hebreos, ¿cómo se relaciona nuestra conducta con el regreso de Cristo?

Una mirada adentro

1. Tomando en cuenta los detalles de tu vida, ¿crees que es fácil o difícil confiar en Dios?

2. Proponte tener esta semana una conversación importante con algún hermano en la fe sobre el regreso de Cristo. ¿Al analizar el regreso de Cristo, cómo debemos animarnos los unos a los otros en nuestro caminar mutuo de fe?

2
Espera expectante

Una mirada atrás

1. Max dice que las Escrituras presentan a Abraham como alguien que *confió*; en tanto que a Moisés como alguien que *guió*, a Pablo como alguien que *escribió*, a Juan como alguien que *amó*, y a Simeón como alguien que *esperó*.

A. ¿Son estas cualidades algo importante para el cristiano?

B. ¿Cómo crees que las Escrituras se referirían a ti?

2. «Simeón era un hombre que andaba en puntillas, los ojos bien abiertos y esperando a aquel que vendría a salvar a Israel».

A. ¿Te parece esta actitud activa o pasiva? Explica.

B. ¿Cómo describirías tu propia espera de la venida de Cristo?

3. «El maestro se siente feliz de encontrar personas que esperen su retorno. Y premia a los que esperan expectantes».

A. ¿Qué quiere decir «espera expectante»?

B. ¿Por qué crees que el maestro se agrada con los que anhelan su regreso?

4. «Esperanza en el futuro no es una licencia para la irresponsabilidad en el presente».

A. ¿Qué quiere decir Max con esta afirmación?

B. De tu propia experiencia, describe cómo la esperanza de alguien en el futuro lo impulsa a actuar irresponsablemente en el presente. ¿Qué ocurrió? ¿Cómo pudo haberse evitado aquello?

Una mirada adelante

1. Lee 2 Pedro 3.11-12.

A. Según Pedro, ¿en qué manera nuestra esperanza en el futuro debería afectar nuestras vidas? ¿Funciona este principio en tu propia vida? Explica.

B. Pedro dice que podemos «apresurar» la venida del «día de Dios». ¿Cómo?

2. Lee Lucas 2.25-35.

A. Según los versículos 29-32, ¿qué dijo Simeón acerca de Jesús?

B. Según el versículo 33, ¿cómo reaccionaron los padres de Jesús a esto? ¿Por qué?

C. Según los versículos 34-35, ¿qué dijo Simeón a María acerca de Jesús? ¿Qué acontecimientos se anticipan aquí?

3. Lee Mateo 24.36-44.

A. ¿Cuál es la amonestación fundamental que se nos da en estos versículos? ¿Qué tenemos que hacer nosotros ahora? ¿Cómo tenemos que hacerlo?

B. ¿Qué dicen estos versículos sobre fijar día y hora para el regreso de Cristo? ¿Cuál debería ser nuestra reacción cuando la gente hace esto? Explica.

Una mirada adentro

1. Todos nosotros tendremos, esta semana, que esperar en alguna parte: en el banco, en el taller del mecánico, en el consultorio médico. Proponte usar este «tiempo de espera» para reflexionar sobre «esperar expectante» el regreso de Cristo. Y al final de la semana, cuéntale a alguien tu experiencia y cómo ha afectado esto tu vida.

2. Trata de ponerte en el lugar de Simeón. ¿Qué sentiste al esperar al Mesías todos esos años? ¿Cómo la espera cambió tu estilo de

vida? ¿Qué sentiste cuando por fin viste al Salvador? ¿Cómo vas a vivir de ahí en adelante? Ahora, regresa al presente. ¿Cómo puedes adoptar algunas de las estrategias de Simeón? ¿Qué podría pasar si lo haces?

3
EL ORIGEN DE LA ESPERANZA

Una mirada atrás

1. «No importa lo que ocurra, siempre estaré ahí donde tú estás».

   A. ¿Por qué en esta historia el hijo creyó en la promesa del padre?

   ¿En qué manera afectó la vida del hijo esta promesa?

   B. ¿Nos ha dado Dios tal promesa? Explica.

2. «Sí, las rocas temblarán. Sí, la tierra se sacudirá. Pero el hijo de Dios no tiene por qué tener miedo, porque el Padre ha prometido llevarnos con Él».

   A. ¿Cómo esa promesa nos dará ayuda práctica cuando las rocas tiemblen y la tierra se sacuda?

   B. Describe una época en tu vida cuando las rocas temblaron y la tierra se sacudió, pero la promesa del regreso de Cristo sostuvo tu alma.

3. «Para Pablo y para cualquier seguidor de Cristo, la promesa es sencillamente esta: La resurrección de Jesús es prueba y un anticipo de la nuestra».

A. ¿En qué sentido es la resurrección de Cristo «prueba y un anticipo» de nuestra propia resurrección?

B. ¿Cómo esto puede darnos confianza en los tiempos difíciles?

4. «En un abrir y cerrar de ojo, tan velozmente como el relámpago alumbra del este al oeste, Él volverá. Y toda persona lo verá: tú lo verás y yo lo veré. Los cuerpos se levantarán del polvo e irrumpirán a través de la superficie del mar. La tierra temblará, el cielo rugirá, y los que no lo conocen se estremecerán. Pero en esa hora tú no tendrás temor, porque tú lo conoces».

A. ¿Cómo te sentirías si Cristo volviera en este momento? Explica.

B. Max dice que los que no conocen a Cristo en su venida «temblarán», mientras que los que lo conocen «no temerán». ¿Por qué la diferencia?

5. Max habla de tres alternativas a la idea que Cristo resucitó:

- En realidad Jesús nunca murió; Él simplemente se desmayó en la cruz.
- Los discípulos robaron el cuerpo de la tumba.
- Los judíos robaron el cuerpo de la tumba.

A. ¿Cómo responderías tú a cada una de estas teorías? ¿Qué problema o problemas tiene cada una de ellas?

Una mirada adelante

1. Lee 1 Corintios 15.22-23.

A. Menciona los dos grupos de personas que se describen en este pasaje. ¿Con cuál grupo te identificas tú? ¿Cómo lo sabes?

B. ¿Qué debe entenderse cuando se dice que Esteban «durmió»? ¿Por qué se usa esta terminología?

Una mirada adentro

1. Te sugiero el siguiente experimento por una semana. Trata de hablar con diversas personas sobre la muerte y el morirse. Observa las reacciones de las personas.

2. Dedica algún tiempo durante esta semana a pensar en tu propio funeral. ¿En qué sentido podría ser una celebración? ¿Qué te gustaría que se dijera? ¿Quiénes te gustaría que estuvieran allí? ¿Por qué?

4

EN LOS CÁLIDOS Y AMOROSOS BRAZOS DE DIOS

Una mirada atrás

1. «¿Recuerdas la primera vez que la muerte te forzó a decir adiós?»

   A. Responde a la pregunta de Max. Descríbela.

   B. Describe la ocasión más reciente en que la muerte te forzó a decir adiós. ¿En qué fue distinta a la primera vez?

2. «Así como los padres necesitan saber que sus hijos están seguros en la escuela, nosotros deseamos saber que nuestros amados están seguros en la muerte».

   A. ¿Estás de acuerdo con Max? ¿Por qué sí o por qué no?

   B. ¿Cómo nuestros amados pueden estar «seguros en la muerte»? ¿Qué quiere decir esto?

3. «Cuando se refiere al período entre la muerte del cuerpo y la resurrección del cuerpo, la Biblia no alza la voz; sencillamente susurra».

   A. ¿Por qué crees tú que la Biblia sencillamente «susurra» acerca de este período?

   B. ¿Cuál es la mejor forma de reaccionar a este susurro?

4. «Lo que Pablo está diciendo aquí es que en el momento en que él parte o muere, en ese mismo momento está con Cristo».

   A. ¿Cómo esta verdad puede dar esperanza a enfermos terminales?

   B. Cómo esta verdad puede dar esperanza a aquellos que han quedado?

Una mirada adelante

1. Lee 1 Tesalonicenses 4.13-18.

   A. Según el versículo 13, ¿cómo «el resto de los hombres» sufren cuando pierden a un ser querido? ¿Por qué sufren así?

   B. Según Pablo, ¿quién viene con Jesús?

   C. Según el versículo 17, ¿cuál es el grupo que nunca gustará la muerte?

2. Lee Filipenses 1.21-26.

   A. ¿Cuál fue la lucha interna de Pablo en este pasaje? ¿Cómo fue su «sufrimiento»?

B. ¿Qué esperaba Pablo que ocurriera en el momento de su muerte? Explica.

3. Lee Hechos 7.54-60.

A. ¿Qué vio Esteban antes de morir? ¿Por qué esto lo llenó de esperanza? ¿Por qué la multitud estaba tan embravecida?

B. ¿Qué debe entenderse cuando se dice que Esteban «durmió»? ¿Por qué se usa esta terminología?

Una mirada adentro

1. Intenta lo siguiente por una semana. Trata de hablar con varias personas sobre la muerte y sobre el morir. Observa las reacciones de la gente.

2. Pasa algún tiempo esta semana pensando sobre su propio funeral. ¿Qué aspectos serían una celebración? ¿Qué te gustaría decir? ¿Quién te gustaría que estuviera allí? ¿Por qué?

5
HECHO DE NUEVO

Una mirada atrás

1. «De la muerte de la semilla nace una nueva planta».

A. ¿Por qué es importante para la fe este principio de la agricultura?

B. ¿Cómo es que este principio mira hacia atrás y hacia adelante al mismo tiempo?

2. «El servicio que se hace junto al hueco en la tierra no es porque se esté sepultando a alguien, sino porque se le está plantando. La tumba no es meramente un hoyo en la tierra, sino que es un surco fértil. El cementerio no es un lugar de descanso, sino un lugar de transformación».

   A. Explica lo que Max quiere decir con esta afirmación.

   B. ¿Piensas regularmente en esto? ¿Por qué sí o por qué no?

3. Max dice que Dios transformará nuestros cuerpos en tres sentidos, de:

   - Corrupción a incorrupción.
   - Deshonra a gloria.
   - Debilidad a poder.

   A. ¿Qué aspectos involucra cada uno de estos tres sentidos? ¿Cuál es la importancia de cada uno?

   B. ¿Cómo podemos usar este conocimiento para transformar nuestra manera de vivir ahora?

4. Para finalizar el capítulo, Max ofrece dos verdades complementarias:

   - En alguna forma tu cuerpo, durará para siempre. Respétalo.
   - Tu dolor NO durará para siempre. Créelo.

   A. ¿Cómo «respetas» tu cuerpo? ¿Cómo lo irrespetas?

   B. ¿En qué manera nosotros a veces estamos demostrando que nos olvidamos que nuestro dolor no es para siempre? ¿Cómo podemos asegurarnos de no olvidar esta verdad?

Una mirada adelante

1. Lee 1 Corintios 15.20-26.

   A. ¿En qué sentido es Cristo las «primicias» de quienes han «dormido»?

   B. ¿Cuál es el último «enemigo» que será destruido?

2. Lee 1 Corintios 15.35-44.

   A. ¿Cómo dice Pablo que nuestros cuerpos son como una semilla? ¿Cómo ayuda esta analogía a explicar nuestros cuerpos futuros?

   B. Menciona algunas de las diferencias entre nuestros cuerpos actuales y nuestros cuerpos futuros.

3. Lee Filipenses 3.20-21.

   A. ¿Cómo serán transformados nuestros cuerpos?

   B. ¿A qué se parecerán nuestros nuevos cuerpos?

   C. ¿Quién logrará esto?

4. Lee Juan 20.10-21:14; Lucas 24.36-43.

   A. ¿En qué se parecía el cuerpo resucitado de Jesús a su cuerpo mortal?

   B. ¿En qué se diferenciaba el cuerpo resucitado de Jesús a su cuerpo mortal?

C. ¿Qué importancia tiene esto para nosotros?

Una mirada adentro

1. De una sola vez, lee los relatos sobre las apariciones de Jesús después de haber resucitado que se encuentran en los cuatro Evangelios. Trata de ponerte en el lugar de los discípulos. ¿Cómo crees que habrías reaccionado tú a estas apariciones? ¿Qué crees que hicieron estas apariciones en la fe de los discípulos? ¿Qué pueden hacer en relación a nuestra propia fe?

2. Dedica algunos momentos a soñar sobre el potencial de tu futuro cuerpo glorificado. ¿En qué sentido tu actual cuerpo será mejor? ¿Cómo crees que te sentirás teniendo un cuerpo fuerte y asombroso? ¿Qué te imaginas que podrías hacer con él? Al concluir tu sueño, pasa algunos momentos agradeciéndole a Dios que este nuevo cuerpo del cual hablan las Escrituras no es un sueño, sino que será una realidad. ¡En ti!

6
UN NUEVO VESTUARIO

Una mirada atrás

1. «Había hecho todo ese camino hasta la puerta pero me habían negado la entrada».

   A. ¿Por qué no dejaron entrar a Max para que viera el salón de los trofeos en el club de golf?

   B. ¿Cómo crees que se habrá sentido Max cuando no lo dejaron pasar? ¿Cómo te habrías sentido tú?

2. «Que no te dejen entrar al salón de los trofeos en un club de golf es una cosa, pero que no te dejen entrar en el cielo es otra muy diferente. Esta es la razón por la qué mucha gente no quiere hablar del regreso de Cristo. El tema los pone nerviosos. Y aunque muchos de ellos son temerosos de Dios y asistentes fieles a la iglesia, siempre tienen miedo».

   A. ¿Te pone a ti nervioso el hablar del regreso de Cristo? Explica.

   B. ¿Has pensado alguna vez en la posibilidad que no te dejen entrar en el cielo? Explica.

3. «Dios ve lo que tú y yo no vemos. Porque mientras Danny el Decente camina por la vida, comete faltas. Y cada vez que peca, le aparece una mancha en su ropa. Por ejemplo, alteró la verdad cuando ayer habló con su jefe. Una mancha. Aunque levemente, alteró su informe de gastos. Otra mancha. Sus compañeros estaban murmurando acerca del nuevo empleado y él, en lugar de alejarse, se unió al chismorreo. Otra mancha. Desde nuestra perspectiva, esas son cosas pequeñas. Pero nuestra perspectiva no importa. La de Dios, sí. Y lo que Dios ve es un hombre cubierto de faltas».

   A. ¿Es más fácil ver las manchas de los demás que las nuestras? Explica.

   B. ¿Te parece que cuando te mira a ti, Dios ve a una persona llena de faltas? Explica.

4. «Él hizo más que cambiarnos de ropa; se puso nuestra ropa. Y en la cruz estaba vestido con nuestra ropa de pecado. Al morir, su sangre cubrió nuestros pecados. Y los limpió. Y gracias a esto,

cuando Cristo venga, no tenemos que temer el ser rechazados en la puerta».

A. ¿Cuál fue la «túnica» de pecados que Cristo se echó encima? ¿Cómo se limpió esa «túnica»?

B. ¿Qué clase de «túnica» usas actualmente? ¿Cómo lo sabes?

Una mirada adelante

1. Lee 1 Juan 2.28.

A. ¿A quién está dirigido este versículo? ¿Dónde radica su importancia?

B. ¿Cómo podemos asegurarnos de ser «irreprensibles» cuando Cristo regrese?

2. Lee Mateo 22.1-14.

A. ¿Por qué el primer grupo de invitados (versículos 4-6) no vino al banquete del rey?

B. Describe el segundo grupo de invitados al banquete del rey (versículos 9-10).

C. ¿Cuál es la importancia que reviste el caso del hombre que fue encontrado en el banquete sin el vestido de boda (versículos 11-13). ¿Qué está señalando Jesús?

3. Lee Romanos 13.14 y Gálatas 3.26-29.

A. ¿Qué clase de vestido se describe aquí? ¿Cuál es su importancia?

B. ¿Cómo se puede poner la persona esta clase de vestido? ¿Te lo has puesto tú? Explica.

4. Lee Gálatas 3.13 y 2 Corintios 5.21.

A. ¿De qué manera tomó Cristo nuestro lugar?

B. ¿Cuál fue el propósito de este cambio?

Una mirada adentro

1. A veces pensamos que la mejor forma de asegurarnos que seremos «irreprensibles» a la venida de Cristo es eliminando todo lo que hay en nosotros que pudiera avergonzarnos y, por lo tanto, dejar de concentrarnos en nuestro pecado sino en Cristo. Por un par de días, piensa y trata de acostumbrarte a la idea que Cristo volverá en cualquier momento. Piensa en Él, no en tu pecado, y luego describe tu experiencia.

2. Lee un libro que hable de la capacidad de Cristo Jesús de transformar las vidas de toda clase de personas (como el de Max Lucado, *Just Like Jesus*). Luego dedica algunos minutos a agradecer a Dios por lo que está haciendo en tu vida.

7

¡Mira quién está entre los ganadores!

Una mirada atrás

1. «Lo aplaudimos porque hizo lo que nosotros quisimos hacer. ¿Alguna vez no quisiste estar donde estaba Mark McGwire? Piensa un poco. Pon en reversa la máquina de los recuerdos. ¿No fuiste tú el muchacho idealista que soñabas con dar un batazo

espectacular? ¿O ganar el premio Pulitzer? ¿O cantar en Broadway? ¿O comandar una flotilla? ¿O recibir el premio Nobel de la Paz? ¿U obtener el Oscar?»

A. Si eres un fanático del béisbol, ¿cómo reaccionaste ante la asombrosa temporada de McGwire?

B. Si no eres fanático del béisbol, ¿cuáles fueron tus sueños de muchacho? Descríbelos.

2. «Las recompensas celestiales no están limitadas a unos pocos escogidos, sino a todos los que aman su venida» (2 Ti 4.8).

A. ¿Por qué crees que Dios nos adelanta algo sobre los premios y recompensas? ¿Con qué frecuencia piensas en los premios celestiales? Explica.

B. ¿Crees que te espera algún premio celestial? Explica.

3. Max menciona tres tipos de coronas:

- La corona de la vida.
- La corona de justicia.
- La corona de gloria.

A. ¿Cuál es la importancia de cada una de estas coronas?

B. ¿Cuál de estas coronas es más importante para ti? ¿Por qué?

4. «El cielo será maravilloso no solo por lo que hay allí, sino por lo que no hay».

A. ¿Cómo puede ser algo hermoso por lo que no tiene?

B. ¿Qué clases de cosas no tendrá el cielo? ¿Cómo te hace sentir esto?

Una mirada adelante

1. Lee Mateo 24.42-47.

A. ¿Por qué Jesús compara su regreso con la irrupción de un ladrón en la noche?

¿En qué se parecen ambos hechos? ¿En qué se diferencian?

B. ¿Cómo definen los versículos 42-44 a un siervo «fiel y prudente»?

C. ¿Cómo premiará el Señor a los siervos «fieles y prudentes» (versículos 46-47)?

2. Lee 2 Timoteo 4.6-8.

A. Describe las circunstancias en las que Pablo escribió estas palabras.

¿Cómo estas ideas que él escribió animaron su propio corazón?

B. ¿Qué corona se mencionan aquí? ¿Para quiénes es? ¿Esperas tú recibir esta corona? Explica.

3. Lee Santiago 1.12.

A. Describe a la persona que Santiago tiene en mente cuando escribe este versículo. ¿Por qué es importante esto?

B. ¿Qué corona menciona aquí Santiago? ¿Para quiénes es? ¿Esperas recibirla tú?

4. Lee 1 Pedro 5.1-4.

   A. Describe a la persona que Pedro tiene en mente en este versículo.

   B. ¿Qué corona menciona Pedro aquí? ¿Para quiénes es? ¿Esperas recibir tú esta corona? Explica.

Una mirada adentro

1. Dedica algunos minutos a imaginar que estás en el cielo, en el «grupo de los ganadores». Imagínate que todos tienen sus ojos puestos en ti. ¿Qué dirá Dios sobre tu vida en la tierra? ¿Qué clase de premios crees que podrías recibir? Ahora vuelve al tiempo presente. ¿Crees que necesitas hacer algunos cambios en tu vida para alcanzar la clase de premios que te gustaría recibir? Si es así, ¿qué cambios? Pídele a Dios fuerzas para hacer lo que realmente crees que necesitas hacer y dale gracias por los premios que Él ya ha descrito para nosotros.

2. Consigue una concordancia y busca las palabras *recompensa* y *herencia*. Piensa únicamente en los versículos que hablan de nuestra recompensa eterna. ¿Qué aprendiste en tu estudio que no sabías antes? ¿Qué efecto ha tenido el estudio en tu forma de vivir?

8
Lo harás de nuevo

Una mirada atrás

1. «Schindler veía los rostros de los liberados; tú también los verás. Schindler oía las palabras de gratitud de los redimidos; tú oirás lo mismo. Él estaba en medio de una comunidad de almas rescatadas; lo mismo está reservado para ti».

A. ¿Habrá sido difícil hacer lo que Schindler hizo? Explica.

B. ¿Qué es lo difícil en tratar de vivir una vida piadosa aquí en la tierra? Explica.

C. ¿De qué manera fijarnos en otros nos ayuda a mantenernos caminando hacia adelante en nuestro andar cristiano?

2. «La mayoría de nosotros no sabemos hasta dónde influimos en las vidas de otros (lo cual es bueno, porque de haberlo sabido, a lo menos nos habríamos vuelto arrogantes.)»

A. ¿Te has preguntado alguna vez cuán influyente eres? Explica.

B. ¿Por qué podríamos hacernos arrogantes si conociésemos toda la historia?

3. Max escribe sobre «un gozo sobrecogedor que dice: «Me siento tan orgulloso de tu fe».

A. ¿Qué es lo que provoca esta clase de gozo exagerado? ¿Qué papel juegas tú en él?

B. ¿Cómo es posible estar «orgulloso» de la fe de alguien? ¿No es un pecado el orgullo?

4. Max dice dos cosas que ocurrirán en el cielo si averiguamos cómo nuestra fe ha sido de influencia para esos otros:

- La grandeza y la gloria de ese momento superará cualquiera descripción.
- No vamos a lamentar ningún sacrificio que hubiésemos hecho por el reino.

A. ¿Cómo puedes exagerar tu influencia para el reino?

B. ¿Qué clase de «sacrificios» está llamándote Dios a hacer por el reino? ¿Cómo respondes a estos llamados? Explica.

Una mirada adelante

1. Lee 1 Tesalonicenses 2.17-20.

   A. ¿En qué forma se expresa Pablo de los cristianos de Tesalónica (versículo 17)? ¿Cómo crees que se sentía él respecto a aquellos hermanos? Explica.

   B. Menciona las tres formas en que Pablo se refiere a los cristianos de Tesalónica en el versículo 19. ¿Cómo cree Pablo que se va a sentir respecto a ellos cuando Cristo venga?

2. Lee 1 Corintios 1.9.

   A. ¿Qué nos dice este versículo sobre el día en que Cristo regrese?

   B. Compara este versículo con Isaías 64.4. ¿En qué manera ha cambiado Pablo ligeramente el versículo en 1 Corintios? ¿Qué importancia crees que esto debería tener?

3. Lee Hechos 17.1-10

   A. ¿Qué cosa podemos aprender acerca del nacimiento de la iglesia en Tesalónica?

   B. ¿Qué indicaciones te ofrece este pasaje sobre las dificultades que enfrentaron los tesalonicenses en el establecimiento de su nueva fe? ¿Cómo puede ayudarnos y alentarnos a nosotros su experiencia en el día de hoy?

Una mirada adentro

1. Siéntate a una mesa, busca algunas hojas de papel, lápiz y haz una lista de todas las personas que recuerdas con las cuales hayas creído tener alguna influencia. Miembros de la familia. Hermanos de la iglesia. Empleados de la tienda. Del supermercado. El repartidor de periódicos. Vecinos. Luego trata de recordar cuándo fue la última vez que viste a estas personas. ¿Qué tipo de influencia crees haber ejercido sobre ellos? ¿Habrás influido a algunos en relación con Cristo?

2. Dedica a Dios una cantidad importante de tiempo para pedirle que te ayude a ser la influencia a su favor que tú quieres ser. Pídele que te dé sabiduría para saber en qué manera tu influencia puede ser mayor y pídele que te muestre lo que quizás necesites cambiar para llegar a ser tal influencia. Dale gracias por oír tu oración y permitirte ser una influencia en el mundo para Él.

9
EL ÚLTIMO DÍA DEL MAL

Una mirada atrás

1. «Si no estamos enterados del final del guión, es posible que el miedo haga presa de nosotros cuando nos toque actuar. Por eso es importante reflexionar sobre el último acto».

   A. ¿Qué quiere decir Max con «la actuación»? ¿Y con «el final del guión»?

   B. ¿Cómo podemos reflexionar sobre «el último acto»?

2. «Dios no ha mantenido el final en secreto, sino que quiere que veamos el cuadro completo. Que sepamos que el vencedor es Él.

Y que estemos seguros que el mal con el que nos encontramos en el escenario de la vida no es tan poderoso como parece».

A. ¿Te asusta Satanás?

B. ¿Cómo es que Dios «vence al final»? ¿Cómo te das ánimo para pensar en la victoria divina final?

3. Max nos da dos razones para estar optimistas ahora, no obstante cualquier dolor que tengamos que soportar por acción del mal:

- Jesús ora por nosotros.
- Venceremos.

A. Piensa por un momento: ¿Qué clase de oraciones crees que hace Jesús a tu favor? ¿Por qué tales oraciones?

B. ¿En qué manera venceremos? ¿Cómo será esto? ¿Cómo te hará sentir? Explica.

Una mirada adelante

1. Lee Apocalipsis 20.10.

A. ¿Cuál es el destino final del diablo? ¿Cómo ocurrirán las cosas? ¿Quién nos asegura que será así?

B. ¿Por qué el apóstol Juan tenía que hablarnos de este acontecimiento? ¿Cómo nos ayuda a nosotros hoy?

2. Lee Lucas 22.31-34.

A. ¿Por qué es importante lo que dijo Jesús de que Satanás «pidió» a Pedro para zarandearlo como a trigo?

B. ¿Cuál fue la oración que hizo Jesús en favor de Pedro?

C. ¿Qué seguridad tenía Jesús de que su oración fuera contestada?

D. ¿Por qué esta conversación es especialmente importante a la luz de lo que Jesús predijo en el versículo 34? ¿De qué manera nos muestra el versículo 33 que la confianza de Pedro estaba mal puesta?

3. Lee Hebreos 7.20-26 y Romanos 8.26-27.

A. ¿Qué promesas se nos dan en estos dos pasajes?

B. ¿Por qué crees que se nos dan estas promesas? ¿Cuál es el punto, exactamente?

4. Lee Juan 16.33.

A. ¿Cuál es la promesa que nos da Jesús sobre la vida en este mundo?

B. ¿Por qué deberíamos estar optimistas incluso en las circunstancias difíciles?

Una mirada adentro

1. Aprende de memoria Hebreos 7.25-26 y Romanos 8.26-27. Escribe estos versículos en tarjetas y colócalas donde puedas verlas cuando estás en la casa (o en el trabajo). Gracias a Dios porque no te ha dejado solo, que sus ojos están continuamente sobre ti, y que Jesús mismo ora por ti y tus necesidades.

2. Si tienes hijos, piensa en una forma creativa para enfatizar en ellos la verdad que Jesús ora por ellos constantemente. Crea una

pequeña historia que les enseñe sobre el amor y cuidado continuo de Dios por ellos. Y asegúrate de creer todo lo que les dices a ellos.

10
Clasificación de la gracia

Una mirada atrás

1. Max dice que el día del juicio al regreso de Cristo se distinguirá por tres hechos:

   - Se revelará la gracia de Dios.
   - Se darán a conocer los premios a los siervos de Dios.
   - Los que no conocen a Dios pagarán el precio.

   A. ¿Cómo se revelará la gracia de Dios en la Segunda Venida de Cristo?

   B. ¿Cómo se darán a conocer los premios de Dios?

   C. ¿Qué tipo de precio pagarán los que no conocen a Dios?

2. «Lo que Dios hizo en la generación de Noé, la hará cuando Cristo regrese. Él pronunciará un juicio universal e irreversible. Un juicio en el cual se revela la gracia, se dan a conocer los premios y los impíos son castigados».

   A. ¿Cómo se parecerá la Segunda Venida de Cristo a lo que aconteció en los días de Noé?

   B. ¿Cómo podremos nosotros, como Noé, prepararnos para ese día?

3. Max hace cuatro «preguntas fundamentales» sobre el juicio de Cristo:

- ¿A quién se juzgará?
- ¿Qué se juzgará?
- ¿Por qué se juzgará a los cristianos?
- ¿Cuál es el destino de los que no conocen a Cristo?

  A. ¿Cuál es la respuesta que Max da a cada una de estas preguntas?

  B. ¿Qué te parecen las respuestas de Max? ¿Crees que tiene razón? Explica.

4. El veredicto misericordioso de Dios resonará por todo el universo. Por primera vez en la historia, entenderemos la profundidad de su bondad. Gracia pormenorizada. Bondad catalogada. Perdón registrado. Escucharemos cómo se menciona un pecado tras otro y luego se dicta el perdón por ellos».

  A. ¿Qué quiere decir por «gracia pormenorizada»? ¿Cómo esto puede mostrar la bondad de Dios?

  B. ¿Estás tú listo para el día del juicio? Explica.

Una mirada adelante

1. Lee Génesis 6.5-14; 7.17-23.

  A. ¿Qué nos enseñan estos pasajes sobre la reacción de Dios al pecado?

  B. ¿Cómo anticipan estos pasajes lo que Dios hará una vez más en respuesta al pecado?

2. Lee Mateo 24.31-46.

   A. Según este pasaje, ¿a qué grupos se juzgará?

   B. ¿Sobre qué base se les juzgará?

   C. ¿Cuál será el resultado final de este juicio para todos los grupos involucrados?

3. Lee Romanos 14.10-12.

   A. ¿De qué grupo se trata en estos versículos?

   B. ¿Sobre qué base se juzga a los miembros de este grupo?

4. Lee 1 Corintios 3.10-15.

   A. ¿A qué clase de juicio se someterán a los cristianos?

   B. ¿Cuáles son los posibles resultados de este juicio? ¿Qué no será posible?

5. Lee 2 Tesalonicenses 1.6-10.

   A. ¿Cuál es el destino de los que no conocen a Dios?

   B. En tu opinión, ¿cuál es la parte peor de este destino? Explica.

Una mirada adentro

1. Compara 2 Timoteo 2.19 con Tito 1.15-16. ¿Has hecho un inventario de tu vida sobre cómo has mejorado en demostrar que perteneces a Cristo? ¿Cómo puedes estar seguro que tu vida no

«niega» a Cristo? ¿Cómo podrías ayudar a otros a vivir las vidas puras que Dios espera de su pueblo?

2. En el curso de un día, has una lista mental de todos los actos de gracia que Dios te ha mostrado en el último año. Y al fin del día, da gracias a Dios por cada una de las bondades que Él te ha hecho recordar.

11
LA ADVERTENCIA DEL AMOR

Una mirada atrás

1. Max cita a C.S. Lewis, quien escribió: «Si estuviera en mis manos poder hacerlo, no hay una doctrina que quitaría del Cristianismo con más placer que la doctrina del infierno... Pagaría lo que fuera por poder decir verdaderamente: Todos se salvarán».

   A. ¿Estás de acuerdo con el comentario de Lewis? Explica.

   B. ¿Por qué no podemos decir: «Todos se salvarán»?

2. «Si hay un infierno, Dios no sería justo. Si no hubiera castigo por el pecado, al cielo le serían indiferentes los violadores y saqueadores y asesinos en masa de la sociedad».

   A. ¿Por qué Dios no sería justo si no hubiera infierno?

   B. ¿Cómo el castigo por el pecado muestra que el cielo no es indiferente a la maldad?

3. «El Nuevo Testamento es el recurso principal de pensamientos sobre el infierno. Y Jesús es el maestro principal sobre el tema.

Nunca nadie habló con más frecuencia y con mayor claridad del castigo eterno que el propio Jesús».

A. ¿En qué sentido son importantes estos hechos? ¿Cómo te hacen sentir? ¿Por qué?

B. ¿Por qué crees que Jesús y el Nuevo Testamento hablan tanto del infierno?

4. «Cuando el amor no me obligaba, el miedo me corregía. Solo pensar en el taller -y en el lloro y el crujir de dientes- era suficiente para enderezar mis pasos».

A. ¿Cómo es esta clase de miedo solo otra forma de amor?

B. ¿Cómo la experiencia personal de Max se relaciona con lo que Dios nos dice sobre el infierno?

5. «La gente no va al infierno. Los pecadores son los que van. Y los rebeldes. Y los egocéntricos. ¿Cómo podría un Dios de amor enviar gente al infierno? Él no lo hace. Simplemente respeta la elección que hacen los pecadores».

A. ¿Qué piensas sobre esta enseñanza de Max? ¿Estás de acuerdo con él? Explica.

B. ¿Si le has dicho algo como esto a un incrédulo, ¿cuál ha sido su reacción? ¿Pasó algo?

Una mirada adelante

1. Lee Apocalipsis 9.20-21; 11.10; 16.9-11,21; 14.9-11.

A. ¿Cómo reaccionan en estos pasajes los incrédulos al juicio de Dios?

B. ¿Cómo responde finalmente Dios en Apocalipsis 14.9-11?

2. Lee Daniel 12.2 y Mateo 25.46.

A. Hay dos grupos de personas que se mencionan en estos pasajes. ¿Cuáles son esos grupos?

B. ¿Cuáles son los respectivos destinos de estos dos grupos?

C. ¿Cuánto tiempo permanecerán estos dos grupos en sus respectivos estados?

3. Lee Lucas 16.19-31.

A. ¿Qué aprendes en este pasaje acerca del infierno?

B. ¿En qué manera muestran los versículos 27 y 28 el error de decir: «Yo estaré bien en el infierno, porque allí estarán mis amigos»?

4. Lee Hebreos 2.14-18.

A. Según este pasaje, ¿por qué Jesús tomó forma humana?

B. Según este pasaje, ¿qué logró Jesús con su muerte?

C. ¿Qué confianza podemos tener nosotros debido a que Jesús hizo estas cosas?

Una mirada adentro

1. Aunque no sea un estudio agradable, consigue una concordancia y busca los versículos con las palabras «infierno» o «Hades». ¿Qué descubriste en tu estudio?

2. Durante una semana, escucha la forma en que la gente se refiere al «infierno», ya sea en el trabajo, en el supermercado, en la televisión o en las películas que pudieras ver. ¿Qué es lo que la gente en esta cultura cree sobre el infierno? ¿Qué frases usan para mostrar su ignorancia en cuanto a su verdadera naturaleza? ¿Por qué esto es importante?

12
Mirar a Jesús

Una mirada atrás

1. Imagina que Dios te diga: «¿Qué te parece si hacemos un trato? Yo te daré todo lo que me pidas: placer, poder, honor, riqueza, libertad, e incluso paz mental y una buena conciencia. Nada será pecado; nada será prohibido y nada será imposible para ti. Nunca te aburrirás y nunca morirás. La única condición es que nunca verás mi rostro».

   A. ¿Cuál fue tu reacción al leer esto por primera vez? ¿Por qué?

   B. ¿Cómo crees que reaccionarían tus amigos si se les presentara esta disyuntiva? Explica. ¿Cómo reaccionarías tú? Explica.

2. «Pablo no mide el gozo de encontrarse con los apóstoles o abrazar a nuestros seres queridos. Si nosotros vamos a maravillarnos con esto, lo cual es muy probable, él no lo dice. Lo que sí dice es que nos vamos a maravillar en Jesús».

A. ¿Por qué nos vamos a maravillar en Jesús?

B. En la actualidad, ¿qué sorprende de Jesús?

3. «La lengua humana es inadecuada para describir a Cristo. Por eso, en un impresionante esfuerzo por decirnos lo que había visto, Juan nos da símbolos».

   A. ¿Por qué es la lengua humana inadecuada para describir a Cristo?

   B. Si tuvieras que sugerir algunos otros símbolos para describir a Cristo, ¿cuáles usarías? Describe y explícalos.

4. Max describe a Cristo como:

   - El sacerdote perfecto.
   - El Único Santo.
   - La Fuente del Poder
   - El sonido del amor.
   - La Luz Eterna

   A. Explica la importancia de cada una de estas descripciones.

   B. ¿Cuál de estas descripciones significa más para ti? ¿Por qué?

Una mirada adelante

1. Lee 1 Juan 3.1-3.

   A. ¿Cuán grande es el amor de Dios? Según el versículo 1, ¿qué resume ese amor?

   B. Según el versículo 2, ¿qué ocurrirá cuando veamos a Jesús? ¿Por qué ocurrirá esto?